KB264626

진주의 선사·가야문화

진주의 선사·가야문화

조영제 글|사진

지식산업사

진주문화를 찾아서 6
진주의 선사·가야문화

초판 1쇄 인쇄 2004. 12. 10.
초판 1쇄 발행 2004. 12. 15.

지은이   조영제
펴낸이   김경희
펴낸곳   (주)지식산업사
          주   소 서울시 종로구 통의동 35-18
          전   화 (02)734-1978(대)
          팩   스 (02)720-7900
          인 터 넷 한글문패   지식산업사
                    영문문패   www.jisik.co.kr
          전자우편 jsp@jisik.co.kr, jisikco@chollian.net

등록번호 1-363
등록날짜 1969. 5. 8.

ⓒ 조영제, 2004
ISBN 89-423-4823-8 03380
ISBN 89-423-0034-0 (세트)

값 7,000원

이 책을 읽고 문의하고자 하는 이는 지식산업사 전자우편으로 연락 바랍니다.

차 례

Ⅰ. 시간적 범위

사람이 두발로 걸어다니면서 돌이나 나무를 이용하여 지구 생태계를 지배하는 만물의 영장이 되기까지 수백만 년이 걸렸으며, 이것은 인간이 자연을 정복해 가는 기나긴 과정이었다. 이처럼 오랜 세월 동안 사람들이 살면서 만들어 놓은 유형·무형의 것들을 우리는 '문화'라고 부른다. 그리고 사람들의 생각과 생활을 글로 써서 남기기 시작한 시기를 역사시대, 그 이전의 시기를 선사시대라 한다.

따라서 진주의 선사·가야문화란, 이 지역에 사람들이 살았지만 아직 그들의 생각과 생활을 글로 써서 남기기 이전의 선사시대에 만들어진 문화와, 역사시대이지만 믿을 만한 기록이 거의 없는 가야시대의 문화를 의미한다.

그렇다면 사람의 생각과 생활을 글로써 표현한 자료가 없는 선사시대 사람들의 모습을 어떻게 찾아갈 것인가?

옛사람들의 삶에 대한 흔적이 많은 글로 남겨져 있다면 오늘날 우리가 그들의 삶을 찾아내기란 비교적 쉬울 것이다. 그리고 이런 자료를 체계적으로 분석·종합해서 당시의 모습을 찾아내는 학문이 역사학이다. 그러나 옛사람들의 삶이 모두 글로 남겨지기도 어려울 뿐만 아니라 더욱이 선사시대에는 글자가 사용되지 않았기 때문에 오로지 그들이 남겨 놓은 물질적 자료 — 유적과 유물 — 만이 그들 삶의 모습을 전해 줄 뿐이다.

따라서 진주의 선사 · 가야문화를 알기 위해서는 이러한 유적과 유물을 대상으로 과거 사람들의 발자취를 찾아가는 학문, 즉 고고학의 도움에 전적으로 의지할 수밖에 없다. 그러나 고고학의 도움을 받아서 진주의 선사 · 가야문화를 찾는다 하더라도 여기에는 근본적인 한계가 있다.

왜냐하면 고고자료 — 유적과 유물이 오늘날까지 남아 있기 위해서는 이것들이 먼저 사회적 기능을 상실하고 버려져야 하며[폐기(廢棄)], 또 버려진 자료는 땅속에 묻혀져야만 한다. 그러나 많은 생활자료는 버려지지 않았을 것이며, 또 설혹 버려졌다 하더라도 땅속에 묻히기 전에 없어지는 것들도 많기 때문에 이러한 자료가 땅속에 묻힐 확률도 대단히 낮다[매장과 퇴적(埋葬과 堆積)]. 이뿐만 아니라 땅속에 묻힌 자료도 오랜 세월 동안 땅속에서 삭아서 없어지거나 변형을 일으킨 것[화석화(化石化)]도 많다.

그렇기 때문에 오늘날 우리 시대에까지 남겨진 고고자료는 대부분 오랜 세월 동안 변형되고 뒤틀린 자료일 수밖에 없으며, 이러한 자료를 가지고 옛사람들의 삶의 모습을 복원하는 것은 자칫 실제와는 전혀 다른 모습을 찾는 결과를 가져올 위험도 있다. 그럼에도 이러한 자료를 이용할 수밖에 없는 것은 오늘날까지 남겨진 것들이 이것밖에 없기 때문이다.

한편 선사시대는 시간적 길이가 너무 길고 또 그 속에서 살았던 사람들의 삶의 모습도 매우 다양하다. 따라서 이 시기를 더 체계적으로 또 일목요연하게 이해하기 위해서 다시 구석기시대, 중석기시대, 신석기시대, 청동기시대로 잘게 나누고 있다. 이 글에서도 전 세계적으로 통용되고 있는 선사시대의 시대구분에 따라서 이 지역 옛사람들의 발자취를 찾아나갈 것이다.

그리고 가야시대는 역사시대이기 때문에 당연히 남겨진 기록에 바탕해서 그들의 문화를 찾아야 하겠지만, 가야에 대한 기록이 대단히 적을 뿐만 아니라 기록 자체가 단편적이기 때문에 이 시기의 역사와 문화 역시 고고학적인 방법에 따라 찾아볼 수밖에 없다.

Ⅱ. 공간적 범위

　　"이집트 문명은 나일강의 산물이다"라는 표현에서 잘 나타나듯이 강은 선사시대 사람들의 삶에 커다란 영향을 주었다. 마찬가지로 진주는 서에서 동으로 남강이 흐르고 있기 때문에 진주의 선사·가야문화를 알고자 할 때 가장 먼저 생각해야 할 것은 바로 이 남강의 존재이다.

　　남강은 험준한 소백산맥에서 흘러 내려온 경호강과 덕천강이 합쳐져서 만들어진 큰 강이며, 더 큰 강인 낙동강과 합류해서 바다로 흘러 들어가면서 곳곳에 아주 넓은 충적지를 만들어 놓았다.

　　선사·가야시대에 진주지역 사람들은 남강 주변에 만들어진 크고 작은 충적지를 이용하여 농사를 짓고 남강의 물고기와 조개를 잡아먹으면서 살았다. 그뿐만 아니라 낙동강을 거쳐서 남강으로 들어오는 배를 이용하여 사람의 삶에 없어서는 안 될 소금을 구했을 것이며, 또한 이 과정에서 다른 지역 사람들과 접촉하면서 더 나은 생각과 문화를 흡수했을 것임은 쉽게 예측된다. 이 지역 선사·가야인들은 남강 이외에도 지리적으로 가까운 남해안을 이용하여 소금과 해외의 선진문물을 흡수했을 가능성도 충분히 있다.

　　반면에 서쪽으로는 험준한 지리산이 가로막고 있어서 호남지역과의 교류는 남해 — 광양 — 순천으로 이어지는 극히 한정된 통로를 제외하고는 대단히 어려웠을 것이다.

　진주지역의 선사·가야문화라 할 때 당연히 구 진양지역을 포함하는 행정구역상의 진주지역이 공간적 범위가 되어야 할 것이다. 그러나 남강과 남해안을 이용하여 다른 지역과 끊임없이 교류가 있었음을 염두에 두고 더 넓은 지역의 선사·고대문화를 함께 생각해야만, 이 지역의 선사·가야문화를 올바로 이해할 수 있을 것이다.

Ⅲ. 진주지역 최초의 인간들(구석기시대)

1. 구석기인들의 삶과 죽음

지금부터 200만 년 전에 시작된 홍적세(洪績世)는 인류의 진화과정에서 커다란 변화를 가져오게 했다. 이 홍적세 동안에는 4번(어떤 학자는 6번)에 걸친 빙하와 그 사이에 따뜻한 시기[간빙기(間氷期)]가 되풀이되면서 지구의 생태계는 변화되고 그에 따라서 사람들의 생활도 크게 바뀌었다.

이 시기에 사람들은 처음으로 돌을 깨트려서 만든 연장(깬석기, 打製石器)을 사용했으며, 기후의 변화에 적응하면서 다양한 형태의 돌연장을 만들었다. 우리는 이 시대를 구석기시대라고 부르며, 다시 특징적인 인류의 등장 — 원인(原人)인 호모 에렉투스(Homo-erectus)와 구인(舊人)인 호모 사피언스(Homo-sapience), 신인(新人)인 호모 사피언스 사피언스(Homo-sapience-sapience) — 과 돌연장을 만드는 기술의 변천에 따라서 전·중·후기 구석기시대로 잘게 나누고 있다.

우리나라에도 이 시기에 인류가 살았던 흔적이 여러 곳에서 확인되고 있으며, 진주를 포함하는 서부경남 지역도 예외는 아니다. 다만 진주지역에는 구석기시대의 이른 시기부터 사람들이 살았던 것이 아니라 중간 시기, 즉 중기 구석기시대부터 사람들이 살았던 흔적들이 발견되고 있다.

한편 이 시대의 사람들은 어느 한곳에 오랫동안 머물러 살면서 집을 짓고 농사를 지었던 것은 아니며, 단순히 배를 채우기 위해 먹을 것을 찾아서 끊임없이 옮겨 다니면서 살았던 흔적만 몇 군데 남겨 놓았다. 그렇기 때문에 그들이 어떤 형태의 집에서 살았으며, 가족의 수는 몇 명이었고, 죽음에 대해서는 어떤 생각을 가지고 있었는지 등에 대해서는 전혀 알 수가 없다.

이들은 때로는 배불릴 먹거리를 얻는 날도 있었겠지만 대부분은 주린 배를 움켜쥐고 먹거리를 찾아서 이곳저곳으로 떠돌이 생활을 했기 때문에 제대로 된 집을 짓고, 부모·자식으로 이루어진 단란한 가정을 가졌다고는 생각되지 않으며, 아울러 좋지 않은 영양상태와 안정되지 못한 생활로 말미암아 평균 수명도 대단히 짧았을 것으로 생각된다.

실제로 인류의 조상이 가장 먼저 나타난 아프리카에서 초기 인간들의 평균 수명이 채 10살이 되지 않았을 것이라는 연구도 있어 진주지역에 최초로 살았던 사람들의 수명 또한 지금 환갑을 넘기는 노인들처럼 60, 70살을 생각하기는 어렵다.

2. 그들이 남겨 놓은 흔적들

진주지역에서 지금까지 확인된 구석기시대 유적은 세 곳인데, 이 가운데 한 곳은 발굴 조사되었으며, 다른 한 곳은 1점의 깬 석기만 발견되었기 때문에 그곳이 구석기시대의 유적인지 아닌지는 아직 분명하지 않다.

먼저 발굴조사가 이루어진 곳은 대평면 내촌리 유적이다. 이 유적은 남강 다목적댐 건설공사로 수몰될 예정이었기 때문

에 한양대학교 박물관이 1997년 2월부터 여름까지 긴급하게 조사했다.

그러나 조사지역의 해발 고도가 41m에서 49m까지 차이를 보이고, 유적이 있는 지점이 43m 이상으로 최대 수몰예정선에 근접하여 있지만 댐 건설 이후로도 유적이 수몰될 가능성은 비교적 적은 지대이다.

내촌리는 진양호를 사이에 두고 진주시의 서쪽에 있으며 남쪽에는 나동면, 서쪽에는 사천시가 있다. 내촌리 일대의 지형은 180m 이상의 서쪽 산지에서 동쪽으로 완만하게 경사져서 내려온 야트막한 구릉들로 이루어져 있는데, 유적이 있는 내촌동은 내촌리의 북동쪽 구릉지에 해당한다.

진주시에서 내촌리 유적으로 들어가는 길은 두 가지가 있

14

다. 하나는 진주시에서 남강을 오른쪽에 끼고 2번 국도를 따라 완사, 금성리를 지나 강가의 절벽을 끼고 들어오는 길이고, 다른 하나는 수곡 방향에서 원내리, 당촌리를 돌아 들어와서 당촌리 삼거리에서 직진하여 남쪽으로 내려오는 길이다. 금성리 길에서 들어 와서 내촌리 마을 입구의 안말, 족정동을 지나오면 내촌 동리가 들어선 야트막한 언덕이 나타나는데, 언덕 동쪽의 구릉 경사면에 이 유적이 있다.

내촌리 유적은, 덕천강과 경호강이 만나는 지점에서 북쪽으로 올라가면 당촌 쪽에서 내려오는 작은 개울이 연결되어 있는데, 덕천강과 이 개울 사이의 지대에 자리잡고 있다. 구릉지 동쪽 개울의 건너편은 표고 약 200m의 산지이며, 남강 본류는 이 산지의 동쪽에 있다.

유적 옆의 작은 개울은 현재 상당히 넓은 수면으로 덮어져 있지만, 원래의 개울은 이보다 낮고 좁은 수면을 가졌을 것으로 보인다. 댐 물을 가두면 수위가 높아져 작은 개울이 거대한 수로를 형성하게 되어 유적 바로 앞 단애면까지 물이 들어오며, 남강댐을 방류하면 조사구역에서 1km 가량 떨어진 지점까지 형성된 거대한 뻘층이 모습을 드러낸다.

내촌리 일대는 북쪽으로부터 흘러 내려오는 남강과 서쪽에서부터 굽이쳐 들어오는 덕천강이 서로 합류하는 지점과 가까운 곳에 자리잡고 있다. 이 지역은 강물의 퇴행(退行)에 따른 범람이 잦은 곳으로 내촌리 일대의 주된 퇴적층인 점토성 퇴적물의 주요 퇴적원이 되고 있다.

발굴·조사구역은 진양보육원이 있는 구릉면('가' 지구)과 이 구릉과 연결되는 동쪽 맞은편 구릉('다' 지구), 그리고 '가' 지구와 '다' 지구가 있는 구릉 사이에서 북쪽으로 갈라

내촌리 구석기유적의
토층 퇴적 상태

지는 나지막한 구릉 평탄면('나' 지구)에 자리잡고 있다.

내촌리의 각 구릉에는 제4기(第4紀) 홍적세의 퇴적물로 이루어진 층(層)이 있으며, 이 층은 현재의 강 수면보다 약 7m 정도 높은 곳에 있다. 오랜 세월 동안 홍수에 밀려온 적갈색 점토층에서 석영으로 만든 석기[石英岩製 石器]들이 발견되었다. 현재의 지표 아래 약 50~70㎝에서 석기들이 집중적으로 발견되었으며, 이 지점에서 다시 약 2m의 깊이에서 산발적으로 석영으로 만든 석기들이 채집되었다.

구석기문화층에서 발견된 석기는 모두 111점이지만, 이밖에도 삼한시대 집터 발굴 과정에서 드러난 것들과 지표에서 채집한 것을 합치면 모두 151점이 된다.

석기들을 만든 석재는 석영암이나 규암이 압도적으로 많은데, 어디에서 유래된 것인지 모르지만 응회암들이 섞여 있고 사암, 화강암 또는 편마암 자갈들로 만든 것도 보인다. 대부분은 강 자갈로 만든 것이며, 석영맥암들도 강에서 채집한 것을 원석(原石)으로 이용하고 있다. 석영맥암류의 석기들은 입자가 거칠어 석기의 형태가 대단히 불규칙하게 보인다. 그리고 암석의 종류가 불확실하지만 세일같이 입자가 대단히 고운 것으로 만든 것도 포함되어 있는데, 석기를 만들 때의 특징이 잘 나타나는 것들이다.

석기 구성의 내용을 보면 다듬은 석기의 비율이 그다지 높지 않고 형태적으로 대단히 불규칙한 것들이 많다. 떨어져 나

간 면들을 보면 대부분 직접
타격을 가하거나 받침돌을
놓고 타격을 가하여 떼어내
기 작업을 한 것으로 판단되
는데, 뚜렷하게 날을 만들고
자 하는 의도가 보이는 경우
는 많지 않다. 석재의 이용방

내촌리에서 드러난
깬 석기

식도 뚜렷한 유형을 보이는 것은 아니지만 일부 몸돌들 가운
데서는 지그재그식의 떼어내기 작업으로 주판알 모양을 하고
있는 경우도 볼 수 있다.

넓은 지역을 발굴하였지만 석기가 집중적으로 발견되는 면
이나 전체 석기의 수효가 많지 않아서 수량적인 분석은 그다
지 큰 의미가 없는 것으로 생각된다. 전체 석기 가운데 다듬은
석기가 차지하는 비율은 그다지 높지 않다. 몸돌[石核, Core;
깬 석기를 만들기 위한 원석]과 격지[剝片, Flake; 몸돌이나 대
형 석기를 만드는 과정에서 떨어져 나온 돌 조각], 그리고 중
간석재 등 중간과정의 석재들이 많은 수를 차지하고 버리는
석재가 그 다음으로 많은 수를 차지하는데, 이 두 종류의 석기
가 전체의 80% 이상을 차지하고 있다.

가공한 석기들은 찍개나 긁개(Scrape; 구석기시대 내내 사
용되었는데, 가죽이나 나무를 다루는 데 주로 사용되었을 것
으로 추정)들인데, 찍개류(Chopper 또는 Chopping tool; 석재
의 한쪽 가장자리에 날이 만들어져 있는 석기로서, 가장 이른
시기의 인류가 사용하였다)는 격지 제작을 위한 몸돌의 성격
도 보인다. 강돌이나 중간석재의 한쪽을 가공하여 만든 것인
데 불규칙한 것들이 대부분이다. 찍개류의 날은 대체로 불규

칙한 편이며 긁개도 집중 가공된 것으로 보이는 것은 극히 적고 여러 차례 타격해서 만든 것인데, 경사가 대단히 급한 날을 만들고 있다.

그리고 또 하나 특징적인 것은 작은 자갈돌의 한쪽 면을 여러 차례 타격하여 만든 소형의 긁개인데, 이것은 긁개의 크기나 그 기능적인 범위를 보여주는 좋은 자료이다. 이 긁개로 보아 알 수 있는 것은, 긁개는 어떤 단계의 석재에서도 그 기능을 얻을 수 있다는 것이며, 또한 소형의 격지를 만드는 이유를 알 수 있다는 것이다.

몸돌들에는 일반적으로 나타나는 여러 단계의 몸돌들이 보인다. 강돌을 몇 차례 타격하여 격지를 만들어 떼어낸 강돌, 중간 단계의 석재를 몇 차례 타격하여 떼어낸 석재, 그리고 찍개류의 몸돌들 등이 그것인데, 특히 반주판알 모양의 몸돌들이 포함되어 있는 점이 특징이다. 이 반주판알 모양의 몸돌은 완벽한 모양은 아니지만, 양면을 교대로 떼어낸 지그재그 모양의 모서리를 지니고 있다.

또 한 개의 몸돌은 하나의 타격평면에서 주위를 돌려가면서 연속적으로 여러 매(枚)를 떼어낸 것인데, 이러한 가운데 몸돌은 구석기시대 전기나 중기에도 보이는 것이다. 이 경우 타격면의 이용도가 다른 몸돌들보다 높다는 점을 주목하여야 할 것이다. 떼어낸 흔적 가운데에는 돌날[石刃, Blade; 몸돌로부터 떨어져 나온 격지 중에 길이와 폭의 비율이 2:1 이상인 격지]의 모습을 한 것도 있다. 그러나 돌망치를 이용해서 직접 타격을 가해 제작한 것은 틀림없는 것으로 판단된다. 떼어내기 작업은 여러 방향에서 이루어진 것이 보통이다. 물론 집중적으로 떼어낸 면이 있지만 일정하게 몸돌을 이용하는 방향이

있었던 것으로는 보이
지 않는다.

격지는 큰 것에서부
터 작은 것까지 크기가
다양하지만 작은 것들
이 많다. 대체로 자연면
이나 떼어낸 면을 타격
면으로 이용하여 떼어
낸 것들인데, 많은 경우

내촌리에서 드러난 격지

에는 하나의 타격면에서 여러 매의 격지를 제작한 것을 격지
등면[背面]의 떨어져 나온 흔적에서 알 수 있다. 그러나 격지
를 만들 때 몸돌의 방향을 돌려가면서 떼어낸 것들도 상당수
보이고 있어서 떼어내기의 기법이 그렇게 단순한 것만은 아니
라는 점을 보여주고 있다.

격지의 상태로 파악해 보면 대체로 직접 타격을 가하거나
받침돌을 놓고 타격을 가하여 떼어낸 것으로 판단되고 비교적
발달한 떼어내기 기법의 흔적은 아직도 보이지 않는다. 그런
데 일부 큰 격지에서는 측면이 일정하게 떨어진 것들이 있어
서 떼어내기 기법의 숙련도 엿보인다.

격지는 대부분 세로격지가 많지만 가로격지도 몇 점 보인
다. 가로격지의 경우에도 기술적인 차이를 말하는 것이라기보
다는 석재가 가지고 있는 형태적인 조건 때문에 만들어진 것
으로 판단된다.

이 유적에서 발견된 석기들의 일반적인 성격으로 볼 때, 우
선 돌날들이 전혀 보이지 않는다는 점에서 원시적인 특징을
가진 석기공작이라고 할 수 있다. 석영암 또는 규암제의 석기

공작 가운데에서도 비교적 가공의 정도가 낮은 편이며 형태가 불규칙하다. 다양한 종류의 몸돌들 가운데에서 반주판알 모양의 몸돌이 보인다는 점, 그리고 많지는 않지만 입자가 고운 암질을 선택하고 있다는 점도 특이하다.

　내촌리 유적에서는 석기공작에서 돌날이나 돌날석기들이 하나도 포함되어 있지 않고 또한 다른 후기구석기 문화처럼 다양한 석재가 나타나는 것도 아니라는 점에서 중기 이전의 석기공작이라고 판단할 수 있다. 그리고 이 석기들이 제2단구면의 깊은 부분에서 드러난다는 점에서도 석기공작의 연대가 올라갈 가능성을 보여주고 있다.

　석기의 형태적인 특성이나 유적의 지형적인 위치가 적어도 돌날 또는 좀돌날 공작보다 이전의 것임은 분명하다. 그런데 이 유적의 단면에서 일본 기원의 아이라 화산재, 즉 AT가 발견되었다는 보고가 있었다. 지층을 확인하기 위한 시굴구덩이인 제17번 구덩이의 단면 지표 아래 180㎝ 정도 되는 지점, 곧 점토층의 중간쯤에서 AT파편으로 보이는 화산재 알갱이 1개가 나타났다는 것이다. 이 AT화산재가 믿을만 하다면 이것은 이 유적의 연대를 확실하게 해줄 수 있는데, 그 연대는 대개 기원전 2만 1천 년에서 2만 3천 년이다.

　만약 이 연대가 사실이라면 내촌리 유적은 우리나라 구석기시대 연구에 대단히 중요한 문제점을 던지고 있는 셈이다. 왜냐하면 이 연대의 시기에는 이미 돌날석기 공작이 보편화해 있다고 볼 수 있는데, 이 유적에서는 아직도 전ㆍ중기적인 특성을 가진 석기공작이 발견되고 있기 때문이다.

　이러한 '석기공작을 사용한 집단'이 다른 '돌날석기 사용 집단'과 공존하면서 남긴 것인지, 돌날석기의 사용이 현재 우리가 추정하는 것보다도 더 늦은 시기에 시작된 것인지는 앞으로 발굴에서 돌날석기와 함께 이러한 석기들이 발견되어 밝혀져야 할 것이다.

다시 말해서 한반도에서 돌날석기의 보편화 과정에 대한 중요한 단서를 제공할 수도 있다는 것이다. 그래서 당분간 이 아이라 화산재의 연대를 참조해야 하겠지만, 앞으로 이 지역의 제4기 지질에 대한 연구와 석기의 진화과정에 대한 연구, 그리고 절대연대 측정치의 축적은 연대 결정의 관건이라고 할 수 있다.

이제까지 구석기시대 유적이 희귀하던 남강유역에서 구석기시대 유적이 발견되고 그 석기공작의 전모가 조금이나마 밝혀졌다는 점에서 내촌리 유적은 중요하다고 생각한다.

그러나 앞으로 해결해야 할 여러 가지 과제도 남겨 놓았다. 즉, 내촌리의 구석기 공작은 전기와 중기적인 특성을 가진, 즉 대단히 불규칙적이고 제한적으로 가공된 석기공작이다. 그렇지만 석재 선택의 경향이 보인다는 점에서 시간적으로 늦은 것이라고 볼 수도 있다. 그러나 아직도 그러한 경향을 일관성이 있는 유형으로 보기에는 자료가 미미하다.

그리고 또 한 가지, 임의적인 몸돌이 주류를 이루고 있지만 그 가운데서도 일부 규칙성이 보이는 몸돌들도 포함되어 있다는 점이 주목할 만하다는 점이다. 그러나 이러한 것이 석기공작에서 어느 정도 시대성을 반영하는지는 아직도 분명하게 알 수가 없다.

현재까지 채집된 자료를 가지고 이 유적의 구석기문화 성격을 파악하기에는 아직도 자료가 미흡한 편이다. 발굴이 제한적으로 이루어졌기 때문에 현재의 발굴결과가 이 유적이 갖는 성격의 전부라고 단정짓기는 어려운 상황이다. 이러한 점에서 앞으로 내촌리의 제4기층에 대한 확대된 조사가 필요하며, 유물이 집중적으로 분포하는 면을 찾아서 석기공작의 성격을 파악하는 것이 중요하다고 생각된다.

구석기 유적의 다른 한 곳은 대곡면 마진리 유적이다. 이곳은 경상대학교 박물관에 의해 확인만 되었을 뿐 아직 발굴조사는 이루어지지 않았다.

이 유적은 마진리로 들어가는 입구에서 동쪽으로 흘러가는 남강을 가로막듯이 남쪽으로 길게 뻗어 나온 야산의 정상부에 있으며, 채집된 유물은 대체로 몸돌석기[석핵석기(石核石器)]들이다. 따라서 이 유적은 구석기시대의 비교적 이른 시기에 만들어졌을 가능성이 있다. 그러나 석기의 형태만 가지고 연대와 성격을 판단하는 것은 어렵기 때문에, 이 유적의 내용을 정확하게 파악하기 위해서는, 앞으로 이루어질 발굴조사를 기다려야 할 것이다.

구석기 유적의 또 다른 한곳은 지수면 청계리 임계마을에 있다. 그러나 이곳에서는 1점의 짜르개(Creave ; 어떤 물건을 짜를 때 사용된 석기)만 채집되었기 때문에 이 지역에 구석기시대의 유적이 있는지 없는지조차 분명하게 알 수 없다. 남강을 사이에 두고 마진리 유적과 가까운 곳에 자리하고 있기 때문에 마진리 유적을 남겨 놓았던 구석기인들이 이곳에까지 활동하면서 석기를 남겨 놓았을 가능성이 있다.

결국 진주지역의 구석기시대 유적은 남강변에 자리하면서 진주시의 동과 서에서 모두 발견되고 있기 때문에 그 사이의 넓은 지역에서도 세밀하게 관찰한다면 더 많은 유적들이 발견될 가능성이 높다.

Ⅳ. 과도기의 사람들(중석기시대)

　기원전 1만 년을 전후해서 극심한 기후변동이 있었던 홍적세는 끝나고 오늘날과 같이 따뜻하고 살기 좋은 충적세(沖積世)가 찾아오게 되었다. 이러한 새로운 기후에 적응하고자 인간은 앞 시기의 몸돌석기에 대신해서 격지를 이용한 아주 작은 석기들을 만들어서 자루에 끼워 창이나 화살촉, 칼 등으로 사용하였는데, 이 시기를 중석기시대 또는 세석기시대(細石器時代)라고 부른다.

　이 시대의 사람들은 변화하는 기후에 적응하면서 아래와 같은 생활의 개선을 이루었다.

　첫째, 후기 구석기시대보다 작은 석기를 만듦으로써 재료와 노력을 덜 들이면서 많은 석기를 만들 수 있었다.

　둘째, 세석기를 나무나 짐승뼈 등에 끼워서 사용하거나 손잡이를 만들어서 부착함으로써 노동력을 증대했다.

　셋째, 사냥할 때나 적으로부터 집단을 보호하기 위해서 야생의 개를 가축으로 만들었다.

　넷째, 빙하기가 물러감으로써 거대한 짐승은 사라지고 몸집이 작은 짐승들이 번성하게 되자 앞 시기에 성행했던 무리사냥이 개인사냥으로 변화되었다.

　다섯째, 중요한 도구로서 활 · 화살 · 창 · 작살 등이 발명되어 동물사냥이 발달하였다.

　여섯째, 중요한 생활수단인 물고기 잡이에 낚시나 그물이

장흥리 유적 모습

사용되어 어획량이 늘어나게 되었다.

이처럼 인류의 생활에 커다란 변화를 몰고 왔던 중석기인
들은 어떤 유적과 유물을 남겨 놓았을까?

우리나라에서 이 시기에 해당되는 확실한 유적이 조사된 적
은 없다. 다만 함경북도 동관진 유적에서 발견된 흑요석(黑曜
石)으로 만들어진 돌날과 화살촉 비슷한 석기, 그리고 공주 석
장리 후기 구석기시대 집터 유적의 윗층에서 발견된 배밑 모양
밀개, 흑요석제 돌날, 또 경남 통영군 욕지면 상노대도 맨 아래
층에서 출토된 2cm 미만의 격지와 화살촉 등이 중석기시대의
유적과 유물일 가능성이 있다고 생각되고 있을 뿐이다.

그런데, 최근에 진주시 집현면 장흥리 유적에서 이 시기에
속하는 중요한 유적이 조사되어서 학계의 주목을 끌고 있다.

　　장흥리 유적은 진주— 집현 사이 4차선 도로 확장 및 포장 공사를 하다가 이루어진 사전 조사에서 확인되어 2001년 부산대학교 박물관이 조사했다. 그러나 자료를 정리하는 데 시일이 필요하기 때문에 아직 보고서는 공표되지 않았다. 따라서 자세한 조사내용은 알 수 없으나 현장 설명회 자료 등으로 성격은 어느 정도 파악할 수 있다.

　　이 유적은 해발 19m 안팎의 평평한 지형에 있으며, 유적의 상부는 모두 논으로 경작되고 있었다. 이 지역은 수성퇴적(水性堆積)의 기반암층(基盤岩層) 위로 넓은 하천이 흘렀던 흔적과 지금도 마찬가지이지만 과거에도 늪지 성격의 지형이 여기저기 분포하였던 것으로 밝혀졌다. 특히 현재의 남북 방향의 지형을 따라서 계곡 전체를 포함하는 넓은 하천이 광범위하게 퍼져 있었던 것이 중간 크기의 자갈돌과 모래 혼합층의 존재로 확인되었고, 이 이후에 조용한 환경에서 쌓인 늪지성 환경이 현세까지 지속되었던 것도 유적의 여러 곳에서 확인되었다.

　　장흥리 유적에서 유물이 출토되는 갈색 점토층은 약 2～2.5m 두께로서, 유물이 포함된 부분은 점토층 가운데서도 상층부에 해당된다. 구석기 유적에서 자주 거론되는 쐐기형 문양대를 기준으로 한다면 유물 포함층은 쐐기문양대 위에 해당되며, 토양색을 기준으로 한다면 쐐기부분보다 산화가 진행되어 붉은 빛이 감도는 층에 해당된다. 유물이 포함된 지층의 두께는 곳에 따라

장흥리 유적 발굴조사 모습

서 차이가 있으나 대략 20~30cm에 한정되고 있다.

장흥리 유적은 문화층이 하나의 층으로 이루어져 있다는 특징이 있으며, 따라서 단일문화층의 석기 구성이 어떻게 되어 있는지를 따로 객관적으로 검토해 볼 수 있는 주목되는 유적이다.

이 유적에서 발견된 석기들에 대하여 그 특징을 살펴보면 다음과 같다.

찍개류는 2~3회에 걸쳐서 가파르게 뗀, 매우 퇴화한 형태이며, 소재는 중·소형의 평평한 자갈돌을 사용하였다.

좀돌날몸돌(Micro-blade core)과 좀돌날(Micro-blade), 그리고 스키모양 격지(Ski-shaped spall)는 동시에 상당수가 확인되고 있으며, 몸돌 형태는 다양하지만 크기는 전반적으로 소형의 것이 많다. 공주 석장리 유적 상층부와 일맥 상통하고 있다.

3~5cm 크기의 석영제 소형 몸돌(Micro-core)이 여러 점 포함되어 있는 것은 장흥리 유물들의 한 특징으로 볼 수 있다. 그러나 여기에서 뗀 소형의 석영 격지를 잔손질하여 도구로 만든 예가 없다는 것이 소형 몸돌의 용도와 관련하여 연구해야 할 사항이며, 세척한 토양 속에는 같은 암질의 아주 작은 격지 또는 부스러기가 다량으로 확인되는 점도 주목되는 것이다.

긁개류(Scraper)는 대단히 숫자가 적으며, 대조적으로 밀개류(End scraper)는 많이 발견되었는데, 격지형과 돌날형을 동시에 소재로 이용하고 있다. 다른 유적에 견주어 격지형 밀개는 4~5mm 두께의 매우 얇은 격지를 사용했으며, 돌날 밀개의 경우는 후기 구석기시대에 전형적으로 만들어진 형태이지만 크기가 축소되어 있는 점이 두드러진다.

격지를 소재로 사용한 슴베형 새기개(Burin, tanged form on

flake; 격지를 떼어내어 날카
로운 끝날을 조성하여 만든
석기로 나무나 뿔, 뼈를 자르
거나 새기는 용도로 사용되
었다)는 1점이 확인되었는
데, 장착용 부분으로 추정되
는 슴배 부분은 양 겨드랑이
부분을 홈파기하여 만들었
고, 슴배 부분을 얇게 하기
위하여 길이 3cm, 너비 2cm

장흥리에서 드러난 깬
석기

의 면적을 홈파기 이전에 격지면을 만든 흔적이 있다.

양날 반타반마제[合刃形 半打半磨製] 소형 도끼는 구석기
시대에 존재하지 않던 새로운 석기들로서, 도끼의 날 부분이
위 끝으로 향하고 두드러진 면을 윗면으로 해서 관찰할 때 장
흥리 출토 소형 도끼는 날 부분이 넓고 장착부분이 좁아진 형
태를 취한다. 날 부분 양면과 오른쪽 날 양면은 때려떼기 수법
으로서 1차로 가공한 뒤 날 끝에서 약간 떨어진 곳에서 2단으
로 갈아서 만든 특징이 있다.

소형의 보습 모양 석기 역시 신석기시대 유물 가운데에서
같은 형태의 것이 많이 알려져 있다. 그런데 장흥리에서 발견
된 이 유물은 외형이 보습 모양이지만 신석기시대의 것에 견
주어 작고 매우 얇다는 특징이 있다. 날 부분을 위로 해서 관
찰하면 날 모양과 외관이 앞에서 보았던 도끼의 날과 마찬가
지의 모습을 보여주며, 약한 볼록형의 날 부분은 양쪽에서 갈
아서 만든 것이다.

대형의 숟갈 모양 석기도 신석기시대의 석시(石匙)라고 불

리는 깬 석기와 형태가 같은 것이다. 다만 장흥리 유적에서 발견된 것은 지금까지 알려진 것보다 큰 편이다.

　이상과 같은 유물이 발견된 집현면 장흥리 유적은 진주지역 뿐만 아니라 우리나라 좀돌날 문화(Micro-blade culture)의 성격을 강하게 풍기고 있는 동시에 새로운 유형의 유물들이 나타나기 시작한 갱신세와 현세의 전환기 문화, 즉 중석기시대의 문화를 본격적으로 알려주는 대단히 중요한 유적이라고 생각된다.

Ⅴ. 진주지역의 신석기 문화

1. 신석기 문화와 한국의 신석기 문화

　일찍이 오스트레일리아 출신의 고고학자 고든 차일드(V.Gorden Childe, 1893~1957)는 인류가 오랜 역사과정 속에서 오늘날과 같은 고도의 문화를 가질 수 있었던 계기는 신석기시대에 이루어진 정착에 따른 생산경제의 영위에 있다고 파악하고, 이것을 신석기시대에 일어난 하나의 혁명[신석기 혁명(Neolithic-revolution) 또는 식량생산 혁명(Food-production revolution)]이라고 부르면서 이 시대의 중요성을 강조하였다.

　이처럼 신석기시대란 무엇보다도 사람들이 먹을 것을 찾아서 끊임없이 떠돌아 다녔던 생활을 청산하고 한곳에 정착해서 농사를 지으면서 비교적 안정적인 생활을 영위했던 시대였다. 그리고 이들이 사용했던 도구는 여전히 돌로 만든 것이었지만, 앞 시기와는 달리 날을 만들 때 숫돌에 갈아서 원하는 형태의 날을 날카롭게 만들었던 이른바 간 석기[마제석기(磨製石器)]였다. 이뿐만 아니라 신석기시대가 되면 인류 역사에서 처음으로 먹을 것을 저장하거나 조리할 수 있는 질그릇[토기(土器)]을 발명하여 사용하였는데, 이 질그릇의 독특한 형태와 표면에 그려진 문양에 따라 한 지역 또는 한 나라 신석기 문화의 특징이 두드러지게 된다.

　흔히 우리나라의 신석기 문화를 빗살무늬토기[즐문토기(櫛

전형적인 빗살무늬토기
(서울 암사동 출토)

文土器)] 문화라고 부른다. 이러한 이름이 붙게 된 것은 진흙을 반죽하여 그릇의 형태를 만든 뒤 불에 굽기 전에 빗과 같은 시문구(施文具; 문양을 그리는 도구)로서 그릇의 표면에 누르거나 그어서 점열문(点列文)과 다양한 형태의 직선문을 기하학적으로 그려 넣고 불에 구어서 만들어낸 질그릇을 전국적으로 사용하였기 때문이었다.

이러한 빗살무늬토기를 사용했던 우리나라의 신석기 문화는 지금으로부터 약 7천 년 전쯤 시작되었다고 여기고 있으나 우리나라와 가까운 중국의 동북지방과 러시아의 연해주, 일본의 신석기 문화가 기원 전 1만 2천 년 무렵에 시작되었다고 보고 있기 때문에, 그 사이에 있는 우리나라의 신석기 문화도 그 시작이 기원 전 1만 2천 년 무렵까지 올라갈 가능성도 있다. 앞에서 살펴 본 집현면 장흥리의 반타반마제의 소형 도끼와 소형의 보습모양 석기, 대형의 숟갈모양 석기를 포함하는 좀돌날 문화가 중석기가 아니라 아주 이른 시기의 신석기 문화라고 판정된다면, 이 유적이야말로 동북아시아 초기 신석기 문화의 범주에 드는 중요한 유적이 될 수 있을 것이다.

그러나 지금까지의 연구에 따르면 우리나라의 신석기 문화는 기원 전 7천 년 무렵부터 시작되었던 것으로 생각하고 있다. 이 문화의 원류는 멀리 북유럽의 스칸디나비아 반도에서 출발하여 북방 유라시아 대륙을 가로질러서 만주와 우리나라의 북부지방으로 들어오는 삼림목초지대(森林牧草地帶)의 신석기 문화, 이른바 캄케라믹(Kammkeramik, Comb and pit marked pottery)문화에서 비롯되었다.

이 문화는 시베리아의 바이칼호에 이르러 약간씩 다른 문화로 나뉘어져서 우리나라에 들어온다. 먼저 한 갈래는 동북지방으로 평평밑 토기문화[平底土器 文化]로 들어와서 동해안을 따라서 빠른 속도로 남하하여 부산, 경남의 해안지역으로 퍼져 나갔다. 다른 한 갈래는 서북지역으로 뾰족밑[첨저(尖底)]의 빗살무늬토기문화로 들어와서 중부지방을 거쳐 전국으로 확산되는데, 영남지역에 이르러서는 이 지역만의 독특한 요소를 갖춘 문화, 이른바 태선문계(太線文系; 무늬를 그릴 때 시문구를 먼저 꾹 누른 뒤 약간 빼내어서 힘차게 직선을 그리고 마칠 때 다시 꾹 누른 뒤 마무리함으로써 다른 지역의 직선무늬에 견주어 선이 굵고 문양의 시작과 끝 부분에 둥근 점이 만들어지는 문양) 빗살무늬토기문화로 발전한다.

우리나라에 들어 온 신석기 시대의 토기문화는 가장 이른 시기에 동해안과 남해안 일대 그리고 제주도를 중심으로 덧무늬토기[융기문토기(隆起文土器)] 문화로 먼저 성립된다. 이 문화의 토기는 대체적으로 형태가 평평밑이며 그릇의 표면에 점토띠를 덧붙여서 무늬의 효과를 내고 있다. 이러한 토기가 나타나는 시기를 우리나라 신석기시대 조기(무

덧무늬 토기(강원도 양양 오산리 출토)

期)로 파악하고 있다.

　이어서 만들어지는 토기는 그릇의 바닥이 뽀족한 포탄형 또는 달걀의 반쪽과 같은 형태[반란형(半卵形)]에 표면에 점열무늬와 직선무늬를 눌러 찍어서 전면적으로 새겨 넣은 전형적인 빗살무늬토기[押型 또는 押引文 토기]가 등장(前期)하며, 이러한 토기는 시간이 흐를수록 형태는 유지하지만 무늬를 그어서 그려 넣는 것(中期)과 무늬의 범위가 점점 축소되거나 무늬가 퇴화되면서 밑바닥 무늬가 없어지고 몸체 또는 아가리 부분에만 무늬가 그려진 것, 밑바닥과 몸체의 무늬가 없어지고 아가리 부분에만 무늬가 있거나 아예 무늬가 없는 것(後期)으로 변화한다. 그리고 맨 나중에는 다음 시기의 민무늬토기의 영향을 받아서 겹아가리 토기[이중구연토기(二重口緣 土器)]가 만들어지는데 이것을 신석기시대 만기(晩期)라고 파악하고 있다.

　　2. 유적과 유물

　서부경남 지역에서 이 시기의 유적은 곳곳에서 확인되고 있다. 진주지역에 국한해서 살펴보면, 이미 발굴 · 조사된 유적으로서 대평면 상촌리 유적을 들 수 있으며, 확인만 되고 아직 발굴 · 조사가 이루어지지 않은 유적으로 대곡면 마진리, 수곡면 원당, 금곡면 엄정리 등지의 유적을 들 수 있다. 아래에서 이러한 유적과 유물에 대하여 간략하게 소개해 둔다.

　1) 대평면 상촌리 유적
　상촌리 유적은 남강 다목적 댐 건설로 말미암아 수몰되기

전에 긴급히 조사된 유적이다. 지역이 너무 넓어서 편의상 두 구역으로 나누어서 동의대학교와 동아대학교가 1996~1998년 사이에 조사했다.

상촌리 유적은 지리산 자락인 석대산과 백마산 사이로 흐르는 남강이 진주시 대평면 대평리에 이르러 U자 모양으로 크게 휘어져서 굽이쳐 흐르는 강가의 남쪽에 자리하고 있다. 이곳은 토사가 퇴적되어 형성된 충적지로 오랜 동안 경작지로 이용되었다.

이곳의 충적지는 강가를 따라서 수 킬로미터 이상 길쭉하게 형성되어 있는데, 이번 조사지역은 주로 크게 휘어져서 굽이쳐 흐르는 남강의 남쪽에 접한 충적지의 넓은 들판에 자리하고 있다. 특히 이 지역은 남강이 협소한 계곡을 따라 남북으로 흐르다가 이곳에 이르러 U자 모양으로 크게 휘어져서 흐르고 있기 때문에 많은 토사가 퇴적되기 쉬운 지형적 특성을 가진 곳이며, 이로 말미암아 강가의 동편과 서편에는 넓은 충적대지가 발달해 있다. 토사의 퇴적에 따라 형성된 충적지는 선사시대 사람들의 대규모 생활유적이 자리잡기에 아주 좋은 장소이다.

조사하기 전에 이곳은 논과 밭으로 개간되어 있었으며, 땅 위에는 고인돌[支石墓]의 덮개돌[上石]로 추정되는 큰 돌 10여 개가 드문드문 놓여 있었고, 들판에는 많은 수량의 빗살무늬와 민무늬토기 조각, 석기 조각 등이 채집되어 선사시대의 대규모 유적이 조성되어 있을 것으로 추정되었다. 실제 조사결과에서도 상촌리 유적은 신석기시대부터 청동기시대에 해당하는 집터와 고인돌이 섞여 있는 복합유적으로 밝혀졌다.

한편 상촌리 유적의 북쪽 강 건너 넓은 충적지(대평들판)에는 청동기시대의 대규모 취락유적인 옥방·어은유적이 있으며, 여기에서 강을 따라 북쪽으로 거슬러 올라가면 산청 묵곡리와 소남리 유적이 있는데, 이곳에서도 신석기시대부터 청동기시대를 거쳐 삼국시대까지의 취락유적이 발견되었다. 그리고 강 하류쪽으로 내려가면 남강댐 맞은 편에 귀곡동 A, B유적과 귀곡동 대촌유적이 있고 이곳의 서쪽에 있는 내촌리에는 구석기시대와 삼국시대의 고분 유적이 분포하고 있다.

상촌리의 신석기시대 유구는 집터와 크고 작은 구덩이, 작은 도랑형 유구[구상유구(溝狀遺構)] 등을 들 수 있는데, 대부분 땅속 2m 가량에 자리하고 있다. 그런데 이 지역은 마나 우엉과 같은 깊이심기 작물을 재배했기 때문에 많은 유구가 조사하기 전에 이미 파괴되거나 교란되었다.

이 가운데 집터는 모두 20여 동(棟)이 조사되었는데, 평면

이 직사각형이거나 모서리가 죽은 직사각형을 이루며, 벽면은 거의 수직을 이룬다. 바닥에는 특별한 시설을 하지 않았으며 가운데에 타원형의 구덩이가 만들어져 있는데, 이것은 화덕자리일 것으로 추정되며, 화덕자리 가운데에는 가끔 돌상자처럼 만든 것도 보인다.

크고 작은 구덩이는 100개 이상 조사되었는데 형태는 타원형, 원형, 사각형 등 다양하다. 이 가운데 비교적 규모가 큰 것(직경 100cm 이상)은 일종의 저장시설일 가능성이 높지만, 작은 것은 무엇 때문에 만들었는지 알 수 없다.

한편 동아대학교 박물관이 조사한 집터 속에서는 집터의 가장자리에 큰 빗살무늬토기를 세워놓고 여기에 사람을 화장한 뒤 남은 뼈를 모아서 묻어놓은 것[매옹(埋甕)]이 발견되어서 주목된다. 이처럼 토기 속에 사람을 매장하는 풍습은 이웃 나라 일본의 신석기시대에서는 비교적 많이 알려진 것이지만, 우리나라 신석기시대의 매장 풍습으로서는 알려진 바가 없는 것이다.

　　유물은 빗살무늬토기와 석기 등이 발견되었다. 먼저 빗살무늬토기는 아가리부터 밑바닥까지 기하학적인 무늬를 그려 넣은 것부터 밑바닥과 몸체의 무늬는 없어지고 아가리 부분에만 무늬를 넣은 것까지 다양하다. 그 가운데에는 붉은 채색을 입힌 붉은 간 토기[적색마연토기(赤色磨硏土器)]와 같은 특수한 것도 포함되어 있다. 그리고 토기에 그려진 무늬는 점열문, 짧은 빗금무늬[단사선문(短斜線文)], 횡주어골문(橫走魚骨文; 생선뼈를 옆으로 놓은 모양의 무늬), 비스듬한 문살무늬[사격자문(斜格子文)], 삼각무늬 등이 보인다.

　　석기는 날 부분만 간 돌도끼와 곡물을 잘게 부수었던 갈돌, 숫돌, 보습형의 땅을 파는 도구[굴지구(掘地具)], 돌창, 돌화살촉 등이 발견되었다. 이 시기에 거의 없어지는 것으로 알려진 돌창이 한곳에서 포개어진 채 6점이 발견된 것은 대단히 흥미로운 일이다.

　　상촌리 유적의 형성시기는 빗살무늬토기의 문양을 볼 때, 우리나라 신석기시대 중기에서 후기에 걸친 것으로 추정된다. 그리고 무늬 속에 태선문이 포함되어 있는 것을 볼 때, 상촌리 신석기 문화는 한반도 남해안 신석기 문화의 특색을 간직하고 있는 것으로 생각된다.

2) 금곡면 엄정동 유적

문산에서 고성군 영현면으로 향하는 1009번 지방도의 동쪽에 있는 검암리 엄정동에 이르면 서쪽으로 길게 뻗어 나온 야산이 나타난다. 이곳은 아래쪽에 대나무 밭이 만들어져 있으며, 위쪽으로는 소나무들이 무성하게 자라고 있다. 이 일대에는 가야시대의 대규모 고분군이 형성되어 있다.

신석기시대의 유적은 확인되지 않았지만, 작은 빗살무늬토기 조각이 채집된 점과 이 지역의 완만한 지형과 토양을 감안할 때 신석기시대의 집터 유적이 있을 가능성이 있다.

채집된 토기 조각은 모래 성분이 많은[사질성(沙質性)] 점토로 만들어졌으며, 표면에 사격자문이 새겨져 있다. 워낙 작은 조각이기 때문에 토기의 형태와 전체의 무늬에 대해서는 알 수 없으며, 따라서 연대 추정도 불가능하다.

3) 수곡면 원외리 서촌 유적

이 유적은 진양호로 흘러 들어오는 덕천강 하류에 형성된 넓은 평야를 바라보는 야산의 동쪽 경사면에 있는데, 주변은 밭으로 개간되어 있다. 이곳에서는 많은 민무늬토기 조각과 더불어 1점의 빗살무늬토기 조각이 채집되었다. 인근 대평면 상촌리에 신석기시대의 대규모 유적이 있을 뿐만 아니라 야산 아래 덕천강 가에 넓은 충적평야가 있어서 이곳에 대평면 상촌리와 같은 신석기시대 유적이 있을 가능성이 있으며, 야산 위가 아닌 평야지대에도 신석기시대 유적이 분포해 있을 가능성이 높다.

토기 조각은 모래 성분이 많은 점토를 이용했으며 표면에 퇴화된 침선문(沈線文) 계통의 긴 빗금무늬[장사선문(長斜線文)]가 그려져 있다. 이 토기 조각 역시 너무 작아서 토기의 형태나 무늬의 특징 등은 정확하게 알 수 없지만, 그려진 무늬가 퇴화한 침선문 계통의 것이기 때문에 남부지방 신석기시대 후기나 만기에 해당할 것으로 추정된다.

4) 대곡면 마진리 유적

마진리의 신석기시대 유적은 앞에서 살펴본 마진리 구석기 유적과 이웃해 있다. 구석기 유적이 마진리로 들어가는 입구의 야산 위에 있는 데 견주어, 신석기 유적은 남강이 구석기 유적이 있는 야산에 가로막혀 크게 굽이치면서 형성한 반달 모양의 넓은 모래 퇴적토 위에 이루어져 있다. 그러나 야산 가까이에서만 유물이 발견되고 있기 때문에 전 지역에 유적이 분포하는 것 같지는 않다.

채집된 유물은 빗살무늬토기 조각들과 돌로 만든 그물추 등이다. 토기 조각에 그려진 빗살무늬가 다소 퇴화한 모습을 보여주기 때문에, 이 유적은 신석기시대 후기에 속하는 것으로 추정된다. 장차 발굴 조사가 이루어지면 유적의 규모와 성격 등이 더 분명하게 드러날 것으로 기대된다.

3. 신석기인들의 삶과 죽음

진주지역의 신석기시대는 최근에 이루어진 대평면 상촌리

유적의 조사에 따라 어느 정도 알 수 있게 되었다. 진주지역에서 발견된 빗살무늬토기는 그 형태가 뾰족밑이거나 둥근밑[圓底]을 가진 바리들이 대부분이지만, 상촌리 유적에서는 귀와 같은 손잡이가 양쪽에 붙어 있는 단지모양 토기[호형토기(壺形土器)]도 발견되고 있다.

아가리의 형태는 곧추선 것[직립구연(直立口緣)]과 약하게 벌어진 것[외반구연(外反口緣)], 겹아가리[이중구연(二重口緣)]의 3종류가 있다. 무늬는 토기마다 다양하여 길거나 짧은 빗금무늬를 비롯하여 생선뼈 무늬[어골문(魚骨文)], 비스듬한 문살무늬, 삼각무늬, 점열무늬, 집선무늬[集線文] 등이 보인다.

이처럼 진주지역의 빗살무늬토기는 형태나 무늬에서 기본적으로 남해안 지방 빗살무늬토기와 거의 같지만 이 지역만의 독특한 현상들도 나타나고 있다. 즉 약하게 벌어진 아가리 토기라든지 아가리 바로 아래에 일정한 공백을 남겨두고 그 아래에 무늬를 그리는 것, 또 점열문 계통의 무늬가 대단히 많은 것 등이 그것이다. 이러한 특색이 남해안 빗살무늬토기 문화와 시기 차이에서 비롯된 것인지 아니면 해안에서 내륙으로 바뀐 생활환경의 변화에서 온 것인지는 잘 알 수 없다.

(왼)상촌리에서 드러난 빗살무늬 토기
(오른)상촌리에서 드러난 외반구연 토기

이러한 진주지역의 빗살무늬토기가 우리나라 남부지방의 신석기 문화 가운데에서 어느 시기에 속하는가에 대해서는 최근의 연구성과에 따라 어느 정도 알 수 있다.

먼저 상촌리에서 발견된 자료 가운데 곧추선 아가리를 가지면서 아가리에서 바로 누르기에 따른 짧은 빗금무늬나 고기뼈무늬가 그려지기 시작하여 몸체와 바닥까지 무늬가 그려진 토기들을 살펴보자. 이 토기는 남부지방 신석기시대 편년관에 비추어볼 때, 대략 신석기시대 중기 전반에 해당되는 것들로서 진주지역에서 가장 이른 시기에 만들어진 것으로 볼 수 있다.

그 다음 시기에 해당되는 토기들은 형태는 앞 시기의 것과 같지만 토기의 전면에 무늬를 그려 넣지 않고 아가리 부분에만 무늬를 새긴 이른바 부분시문(部分施文) 토기들로서 신석기시대 중기 후반에 편년시킬 수 있다.

한편 지금까지의 곧추선 아가리와는 달리 약하게 벌어진 아가리 토기들이 등장하고, 아가리 부분에 일정한 공백을 남기고 그 아래에 여러 무늬를 깊이 새겨 넣은 토기들이 발견되고 있다. 이와 같은 토기의 특징들은 남해안 지역의 빗살무늬토기들과 분명히 구별되는 것들로서, 경남의 내륙지역 빗살무늬토기의 특징으로 인식해도 좋다.

이러한 토기의 형태와 그려진 무늬의 모습, 무늬를 그리는 방법 등을 볼 때 남부지방 신석기시대 후기에 때매김할 수 있다. 그리고 세부적인 면에서 보면, 무늬 폭의 넓고 좁음과 깊이 그린 무늬의 세밀함과 조잡함의 차이에 따라 전자를 남부지방 신석기시대 후기 전반, 후자를 후기 후반으로 다시 나눌 수 있다.

진주지역의 유적에서 출토된 빗살무늬토기들 가운데에서는

겹아가리 토기와 아주 퇴화한 무늬가 그려지거나 아예 무늬가 없는 토기들도 확인된다. 이러한 특징을 가진 토기들은 김해지역의 조개무지[패총(貝塚)] 발굴조사에 따르면 가장 늦은 시기, 즉 남부지방 신석기시대 만기에 해당됨을 알 수 있다.

이상에서 살펴본 바처럼 진주지역에서 발견된 신석기시대 유적은 아주 이른 조기[早期]나 전기에 해당되는 것은 없고 모두 중기 이후의 것들임을 알 수 있다.

그렇다면 이 시기에 진주지역에 살았던 사람들의 삶의 모습은 어떠했을까?

진주지역의 신석기시대 유적은 대평면 상촌리나 대곡면 마진리처럼 강가의 모래 퇴적토 위에 있는 경우와, 금곡면 엄정리나 수곡면 원당리와 같이 야산에서 발견되는 경우가 있다.

먼저 강가에 유적이 형성된 경우, 그곳에 살았던 사람들은 쉽게 물을 확보할 수 있을 뿐만 아니라 강을 통해서 물고기와 소금을 쉽게 구할 수 있다는 이점이 있으며, 이 점은 우리나라 신석기시대 대부분의 유적이 큰 강가나 바닷가에 분포하고 있는 것에서 잘 나타나고 있다.

그러나 물가에 살게 되면 농사를 짓는 데 다소 불리하다. 곡물을 경작해야 하는 곳에 그들이 생활하는 집터를 만들게 되면 별도의 장소에 농사지을 땅을 마련해야 한다. 그러나 당시 사람들의 생각과 도구의 효율성을 감안한다면 물가가 아닌 다른 곳에 농경지를 확보하기는 어렵다.

반면에 생활의 근거지를 야산에 마련한다면, 물이나 소금, 물고기 등을 확보하는 데 다소 어려움이 있다. 그러나 이것을 극복해 낼 수 있을 정도의 노동력만 있다면 야산 아래에 펼쳐진 들판을 경작지로 이용할 수 있다. 실제로 다음 시기인 청동기시대가 되면 우리나라 대부분의 유적은 낮은 구릉이나 야산의 끝자락에 집터가 마련되게 된다.

그러나 신석기시대에 이러한 곳에 집터를 마련하는 것은 아주 예외적이다. 그렇기 때문에 만약 엄정리나 원당리에 확실한 유적이 존재한다면, 이것은 신석기시대 후기~만기가 되어 사회가 발전하면서 진주지역 야산에서도 생활이 가능하게 되었음을 의미한다. 그렇지만 두 지역에서 확실하게 신석기인들이 집을 짓고 살았는지에 대해서는 이들 지역에 대한 발굴조사가 이루어지기 이전에는 확정할 수 없는 문제이다.

상촌리에서 확인된 집터를 보면, 이들은 구덩이를 파듯이 땅을 직사각형 또는 모서리가 죽은 직사각형으로 판 뒤, 벽을 따라서 기둥을 세우고 그 위에 지붕을 이었다. 그러나 기둥과 지붕의 구조와 재질에 대해서는 흔적이 전혀 남아있지 않아 구체적인 것까지 모두 알 수 없다. 다만 다른 지역의 자료를 참조한다면, 지붕은 그다지 높지 않았으며, 나무를 엮어서 골격을 만든 뒤, 갈대나 억새풀 등으로 덮어서 움막집과 같은 형태로 만들었을 것으로 추정된다.

집의 바닥에는 가운데에 타원형의 구덩이를 파서 화덕자리를 만들고 이 화덕자리를 둘러싸고 음식을 조리해서 먹거나 추울 때는 난방시설로 이용했다. 다소 특이하게 얇은 돌을 세워서 상자처럼 생긴 화덕자리를 만든 집도 보인다. 그리고 화덕자리에서 약간 떨어진 바닥과 벽에는 갈대나 마른 풀 등을 깔아서 생활했을 가능성이 높다.

한편 상촌리에서 발견된 집터 가운데 규모가 큰 것은 길이 8.28m, 너비 5.46m, 깊이 0.59m 정도로 상당히 크며, 작은 것은 길이 3.14m, 너비 2.24m밖에 되지 않는다. 선사시대 사람들의 한 사람이 차지하는 평균적인 생활공간이 3㎡ 가량 된다는 연구결과에 따르면, 상촌리의 규모가 큰 집터에는 15.2명, 작은 집터에는 2.3명 정도의 사람들이 생활했을 가능성이 있다.

결국 작은 집터는 부부를 중심으로 한 핵가족의 주거지, 규모가 큰 집터는 여러 세대가 함께 생활했던 대가족의 주거지였을 것으로 추측된다. 규모가 작은 집터보다 규모가 큰 집터가 많이 존재한다는 사실로 보아 이 시기 진주지역 사람들은 대체로 대가족제도를 이루며 살았다고 생각된다.

그리고 상촌리의 신석기시대 중기 집터는 규칙성을 가지고 배치되어 있다. 집터 사이의 미세한 시기 차이에 대해서는 아직 알 수 없기 때문에 같은 시기에 함께 있었던 집터의 양상에 대해서는 아직 모르는 것이 많다. 그러나 중기의 비슷한 시기로 알려진 집터들이 거의 둥근 고리 모양[환상(環狀)]을 이루면서 배치되고, 그 가운데에 넓은 공간이 마련되어 있는 것은 분명하다. 또한 17호와 같은 아주 규모가 큰 집터가 별도로 만들어진 점도 주목된다. 이러한 배치 모습은 신석기시대 유적 조사에서 찾아보기 어렵지만 신석기시대 취락의 전형적인 모습으로 보아도 좋을 것이다.

이를 종합해서 진주지역 신석기시대 사람들의 생활모습을 추정해 보면 다음과 같이 이야기할 수 있다. 그들은 강가에 집을 짓고, 인간의 일상생활에서 없어서는 안 될 물과 소금을 안정적으로 확보했으며, 또한 먹거리는 강에 서식하는 물고기를 잡아먹거나 한 구덩이에서 도토리가 무더기로 묻혀 있는 것을 볼 때 도토리와 같은 야생의 열매를 따먹었을 것이다. 그뿐만 아니라 몇몇 집터에서 탄화된 곡물, 즉 조·피·수수·보리

등의 곡물이 발견되는 것으로 보아, 비록 직접적인 농경지는 확인되지 않아서 다소 불확실한 점은 있지만, 이 시기의 대평 사람들은 초기의 농경을 시작했을 가능성도 있다. 집터에서 발견되는 돌창과 돌화살촉 등을 볼 때 인근의 들판이나 야산에 서식했던 짐승들도 그들의 좋은 먹거리였음이 분명하다. 그러나 그들이 어떤 옷으로 몸을 가리고 추위를 이겨냈는지에 대해서는 흔적이 전혀 남아 있지 않기 때문에 알 수 없다.

한편 동아대학교에서 조사한 상촌리 유적에서는 집터 안의 단지무덤에서 화장한 사람 뼈가 발견되었다. 사람 뼈가 확인된 단지 무덤은 14호 집터의 북동쪽 벽 가까이에 있는데, 단지는 아가리가 위로 향해 묻힌 것이다. 무덤으로 이용된 토기는 아가리와 바닥에 무늬가 그려진 전형적인 빗살무늬토기이며, 토기 안에 가득 들어 있는 흙을 조사하는 과정에서 사람 뼈 조각들이 발견되었다. 사람 뼈는 모두 조각으로만 남아 있었기 때문에 상태는 아주 좋지 않았다. 토기 안의 흙에서는 사람 뼈 이외에 재나 숯 같은 것은 전혀 발견되지 않았다.

토기 안에서 확인된 뼈 조각은 모두 장골(長骨)이며, 남아 있는 뼈 조각 치밀질(Substantia compacta)의 두께가 두꺼운 점으로 보아 사지골(四肢骨, 팔·다리 뼈)로 추정되지만 조각이 너무 작아서 정확한 부위는 알기 어렵다. 뼈의 표면과 내면은 회백색을 띠고 있으며 열을 받은 결과로 추정되는 갈라진 선들이 많이 보인다.

결론적으로 이 집터에서 발견된 사람 뼈는 상태가 좋지 않은 작은 조각들이어서 정확한 부위는 알 수 없으나 사지골에 해당하는 어른의 뼈로 추정된다. 또한 뼈의 표면과 내면에서 열에 따른 회백색의 색깔과 갈라진 선이 확인되는 점에서 700~800도의 불에서 처리된 화장한 뼈임을 알 수 있다. 그러나 출토된 토기 내부에서 재나 숯이 함께 나오지 않는 것으로 보아, 화장한 뒤 사람 뼈만 수습하여 이 토기에 담았던 것임을 알 수 있다.

이와 같이 그 출토상태에서 추정해 볼 때 집터의 단지무덤에서 발견된 이 사람 뼈는 사망한 성인을 화장하고 그 뼈만을 추려서 다시 토기에 담아 집터의 벽쪽에 모셨던 것으로 보인다. 이것은 남강 주변에 살던 신석기 사람들의 장송의례(葬送儀禮)를 짐작하게 하며, 더욱이 여기에서 나온 사람 뼈가 화장한 것이라는 사실이 주목된다. 왜냐하면 지금까지 일본의 연구자들은 화장이 일본 신석기시대 사람인 죠몽인(繩文人)만의 특징이라고 생각하였고, 뒤이은 야요이[미생(彌生)]시대 단지무덤에서 화장된 사람 뼈가 확인되는 것을 증거로 야요이문화가 우리나라에서 들어 온 것이 아니라 죠몽계의 사람들이 주체가 되어 야요이문화를 수용한 결과라는 주장에 새로운 검토가 필요하게 되었기 때문이다.

우리나라 신석기시대의 무덤은 거의 발견되지 않는데, 이웃

통영 연대도 유적에서는 땅을 약간 판 뒤 죽은 사람을 눕히고 발목에 짐승의 이빨로 만든 발찌를 채우고 곁에 빗살무늬토기 1~2점을 껴묻은 뒤 시신 위에 돌을 덮었던, 이른바 적석총(積石塚)이 만들어졌던 것이 알려진 바 있다. 그러나 진주지역처럼 화장한 사람 뼈를 모아서 단지를 이용하여 무덤을 만든 예는 우리나라에서는 아직까지 발견된 적이 없는 특이한 것이다. 이러한 형태의 무덤은 이웃 나라 일본에서 일찍부터 알려졌던 것이기 때문에, 앞으로 이 지역의 신석기 문화와 일본열도의 신석기 문화의 관계를 살필 때 대단히 주목되는 유구이다.

그것은 어떻든 사람이 죽으면 무덤을 만든다는 것은 일단 그들은 죽음을 분명하게 인식하고 있음을 의미하는 것이다. 아울러 죽음으로써 인간의 삶은 일단 끝나는 것이지만, 인간은 죽음과 함께 삶이 완전히 끝나는 것이 아니라 계속되었으면 하는 바램을 가지게 되고 여기에서 내세관(來世觀)이 생겨나게 된다. 사람의 삶이 내세에서도 계속된다는 믿음은 죽음으로써 모든 것이 끝난다는 절망에 사로잡혀 있는 인간들에게 위안과 희망을 주는 것이며, 내세의 삶이 불편함 없이 잘 이루어지기 위해 생활도구들을 껴묻거리[부장품(副葬品)]로 무덤에 함께 넣어주게 된다. 비록 상촌리에서 잘 만들어지고 껴묻거리가 풍부한 무덤이 발견된 것은 아니지만 일단 무덤이 만들어졌다는 것은 죽음과 내세에 대한 관념이 뚜렷하게 존재했음을 알려주는 귀중한 흔적임이 분명하다.

Ⅵ. 진주지역의 청동기 문화

1. 우리나라 청동기 문화에 대한 최근의 연구성과들

인류역사에서 최초로 문명의 이기인 청동기가 등장하면서 석기문화는 자취를 감추고 사회는 더 급격하게 변화한다. 우리는 이러한 청동기가 가장 일찍 만들어져서 사용된 지역을 세계 4대 문명의 발상지라고 부르면서 그 의미를 높이 평가하고 있다.

우리나라 청동기 문화는 세계 4대 문명의 하나인 가까운 중국 황하문명의 영향을 받아서 성립되었을 것으로 쉽게 예상하지만, 실제로는 멀리 시베리아 바이칼호의 미누신스크(Minusinsk) 지역에서 형성된 독특한 청동기 문화의 영향을 받아서 성립한 것으로 보고 있다.

기원전 1300년 무렵부터 시작된 까라수크(Karasuk, 기원전 1,300~700년) 문화단계에 이 미누신스크 청동기 문화를 담당한 알타이(Altai)인들이 초원의 길(Steppe route)을 따라 활발하게 이동하여 중국의 요녕지방과 한반도에 들어오면서 우리나라의 청동기 문화는 시작되었다. 따라서 중국 요녕지역의 청동기 문화는 지금은 비록 중국의 영토가 되었으나 청동기시대에는 우리 민족이 이 지역에 생활하면서 만들어낸 문화임이 분명하다.

이렇게 성립된 우리나라의 청동기 문화는 늦은 시기, 즉 기원전 4세기가 되면 전혀 새로운 스키토—시베리아 청동기 문화(Scyto-siberia 청동기 문화; 이 문화는 유럽의 흑해 연안에서 성립한 스키타이 문화가 모체인데 청동방울과 동물의장이 아주 발달한 문화이다. 이 스키타이 문화가 시베리아 지역에 들어와서 다소 변화를 일으키는데, 이것을 스키토—시베리아 청동기 문화라고 한다)와 중국 청동기 문화의 영향을 받게 된다.

이러한 우리나라의 청동기 문화는 기원전 1천년경부터 시작하여 기원 직전에 소멸하고 있으며, 기원전 4세기경을 중심으로 그 이전(청동 Ⅰ기)과 이후 시기(청동 Ⅱ기)로 나누어서 파악해 왔다.

그런데 기원전 6세기에서 5세기까지 충청도 지역을 중심으로 성립된 이른바 송국리형 문화(松菊里型 文化; 집자리 가운데 중앙에 타원형 구덩이와 함께 기둥 구멍이 배치된 형태의 집자리와 납작바닥에 작은 굽을 가지고 달걀 모양으로 부풀은 몸통과 밖으로 바라진 짧은 입술을 가진 토기 등으로 이루어진 특징적인 문화)가 전국적으로 확산되면서 한 시기의 특색을 보여주기 때문에 최근에는 이 문화를 하나의 시기로 파악하여 중기를 설정하게 되었다. 따라서 우리나라의 청동기 문화는 기원전 6세기 이전을 전기, 송국리형 문화단계를 중기, 그 이후를 후기로 파악하는 3시기 구분법이 확립되었다.

한편 남강 다목적 댐 수몰예정지에 대한 광범위한 조사에서 많은 청동기시대 유적이 발견되고 그 속에서 지금까지 알려지지 않았던 새로운 토기문화가 발견되었다. 그뿐만 아니라 이곳 유물의 방사성 탄소 추정연대(C14 Method; 고고학적인 조사에서 발견된 목탄이나 탄화곡물, 짐승뼈의 골수 등을 가지고 첨단기계를 이용하여 절대연대를 추정하는 방법)가 기원전 1천3백 년 무렵까지 상한이 올라간다는 결과가 속출함으로써, 이 시기를 다시 청동기시대 조기(早期)로 파악하자는 주장이 강하게 제기되고 있다.

각목돌대문토기

즉 대평면 어은 1지구와 산청군 단성면 소남리, 사천시 곤명면 본촌리 유적 등에서 확인된 대형의 직사각형 집터에서 출토된 각목돌대문토기(刻目突帶文 土器; 토기의 아가리에 점토띠를 한 겹 두르고 이 점토띠 위에 눈금을 새긴 토기)를 앞 시기의 빗살무늬토기와 청동기시대의 민무늬토기[無文土器]의 과도기에 때매김할 수 있으며, 이러한 유적에서 채집한 목탄의 방사성 탄소 추정연대가 기원전 1,300년 정도까지 나타나고 있기 때문이다.

만약 이러한 유적에 대한 조사결과 보고서가 공표되고 그 내용에 대한 학계의 검토가 이루어진다면, 우리나라의 청동기시대는 3시기에서 4시기 구분으로 다시 바뀔 가능성이 있다.

그런데 다른 한편에서는 새롭게 주장되고 있는 조기를 전기, 지금까지의 전기를 중기, 송국리형 문화단계를 후기로 파악하고, 기원전 4세기 이후는 철기시대로 파악해야 한다는 주장도 제기되고 있다. 이 주장에 따르면 기원전 4세기 이후가 되면 청동기 문화의 전반적인 변화도 나타나지만 무엇보다도 중요한 것은 이때부터 중국으로부터 철기문화가 우리나라에 들어와서 점차 바뀌어가기 때문에 철기가 사용되는 시기를 청동기시대로 부를 수는 없다는 것이다.

사실 우리나라 역사책을 보면 청동기시대 부분에서 이 시기를 청동 Ⅱ기 또는 청동기시대 후기라고 파악하면서 또 한편 철기문화의 부분에 들어가면 이 시기를 초기 철기시대라고 설명하고 있다. 즉 꼭 같은 한 시기를 서로 달리 부르는 혼란스러운 모습을 보여주고 있는 것이다.

그렇기 때문에 기원전 13세기부터 10세기 무렵까지를 전기, 그 이후부터 기원전 6세기까지를 중기, 마지막 송국리형 문화단계를 후기라고 부르기를 주장하는 견해도 상당히 설득력이 있다. 그러나 앞에서도 애기했듯이 가장 이른 시기인 전기의 시대상을 완전하게 파악하려면 이 시기의 중요한 유적이 보고서로 학계에 알려지고 연구자들의 많은 검토가 먼저 이루어져야 한다.

따라서 이 글에서는 기원전 10세기경부터 송국리형 문화단계의 성립 이전까지를 전기, 송국리형 문화단계를 중기, 기원전 4세기 이후를 후기로 파악하는 3시기 구분법에 기준해서 서술하고자 한다.

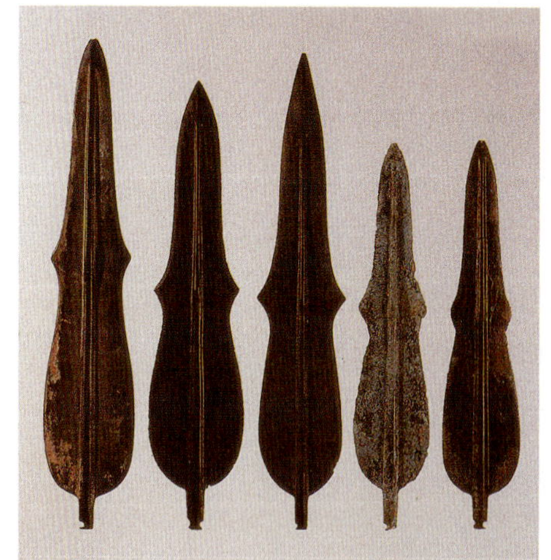

우리나라의 청동기시대 전기는 비파형 동검(琵琶形 銅劍 ; 형태가 악기인 비파처럼 생겼다고 해서 붙여진 청동 단검인데 주로 발견되는 지역이 중국 요녕지방이기 때문에 한편으로는 요녕식 동검이라고 불리기도 한다)과 다뉴조문경(多鈕粗文鏡, 일종의 거울과 같

(위)붉은 간 토기
(아래)고인돌

은 것인데 뒷면에 어딘가에 메달기 위한 꼭지가 2 내지 3개 달려 있고 다소 조잡한 기하학적인 무늬가 새겨진 유물로서 실제 용도는 거울이 아니라 주술용구였을 것으로 생각하고 있다)을 필두로 청동 작은 칼[銅刀子], 청동 단추[銅泡]와 같은 청동기와 더불어 각목돌대문 토기나 팽이형 토기[각형토기(角形土器) ; 우리나라 서북지역을 중심으로 발견되는 토기. 밑바닥이 팽이처럼 좁아서 이러한 명칭이 붙여졌다], 구멍무늬 토기[공열토기(孔列土器) ; 두만강 일대를 중심으로 우리나라 동

북지역에서 처음으로 나타났다가 전국적으로 퍼져나간 토기],
붉은 간 토기[赤色磨研土器] 등의 민무늬토기 등이 만들어져
서 사용되었다. 무덤으로는 고인돌[지석묘(支石墓)]과 돌널무
덤[석관묘(石棺墓)] 같은 것이 만들어졌으며, 집터는 규모가
큰 직사각형의 것이 대부분 사용되었다.

그리고 무엇보다도 주목되는 것은 오늘날까지 우리 민족의
주식이 되고 있는 쌀농사[도작농경(稻作農耕)]가 이 시기부터
본격적으로 이루어지기 시작한다는 점이다. 그렇기 때문에 인
류 역사에서 신석기시대에 일어난 식량생산 혁명은 우리나라
에서는 신석기시대가 아니라 이 청동기시대에 비로소 이루어
졌다고 할 수 있다.

청동기시대 중기, 즉 송국리형 문화단계가 되면 청동기와
무덤은 앞 시기의 것이 변화없이 유지되고 있지만, 토기에서

대평의 송국리형 집터

는 이른바 송국리형 토기라 해서 앞 시기와는 아주 다른 토기들이 만들어지기 시작한다. 특히 집터는 규모가 아주 큰 직사각형에서 규모가 작은 정사각형 또는 원형의 집터로 변화되고 있다. 그리고 이 시기에 일어나는 가장 큰 변화는 환호취락(環濠聚落; 집터가 집중적으로 만들어진 마을의 주위에 고랑을 파고 이 고랑의 안쪽에 나무 울타리를 세우거나 흙을 쌓아 올려서 담장과 같은 시설을 한 마을을 말함)이 나타나서 발달한다는 점이다.

이 환호취락이 만들어지는 이유가 외부로부터 맹수나 외적으로부터 마을 주민의 생명과 재산을 보호하기 위한 것인지 아니면 지배자집단과 일반인들을 구별하기 위한 것인지는 아직까지 분명하게 밝혀지지 않았지만, 이러한 구조물이 만들어졌다는 것은 사회가 그 만큼 복잡해지고 발전했다는 것을 의미한다.

그리고 또 우리나라 청동기시대 중기에 이루어진 중대한 변화는 앞 시기부터 이루어진 쌀농사가 이때가 되면 논농사 중심의 쌀농사로 전환된다는 점이다. 사실 앞 시기의 쌀농사는 논농사가 아니라 밭에서 벼를 경작했던 것으로 밝혀지고 있으며, 오늘날과 같은 논농사는 이때가 되어서야 비로소 이루어지기 시작했다.

청동기시대 후기가 되면 우리나라만의 독특한 청동기 문화라는 한국식 동검이라고 불리우는 세형동검(細形銅劍; 앞 시기의 비파형 동검이 변화해서 몸체의 폭이 좁게 만들어진 것) 및 뒷면에 아주 세밀한 문양이 그려진 다뉴세문경(多鈕細文鏡) 등과 함께 청동제 방울, 동물형 대구(動物形 帶鉤; 말이나 호랑이의 모습을 한 허리 띠의 버클)와 같은 스키토―시베리

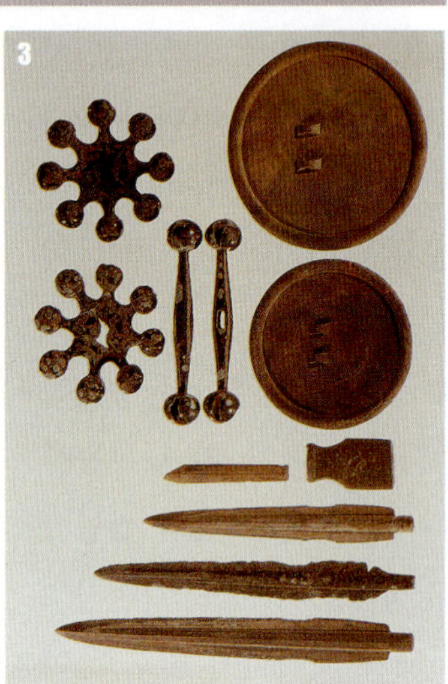

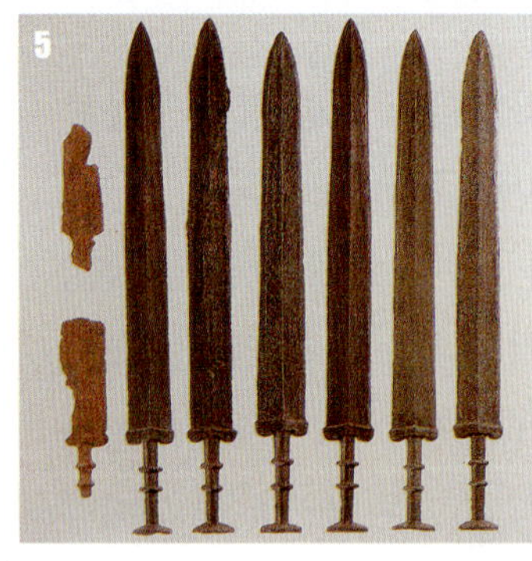

1. 세형 동검
2. 동물형 대구
3. 청동방울
4. 검은 간 토기
5. 도씨검
6. 다뉴세문경
7. 동과

아 청동기 유물, 도씨검(桃氏劍), 동사(銅鉈, 일종의 끌과 같은 것), 동과(銅戈, 무기의 일종) 등의 중국 청동기 유물이 새롭게 발견된다. 그리고 토기는 점토대 토기(粘土帶 土器; 아가리 부분에 단면 원형 또는 삼각형의 점토띠를 한 겹 두른 토기)와 소뿔 모양 손잡이[우각형 파수(牛角形 把手)]가 붙은 토기, 검은 간 토기[흑색마연 토기(黑色磨研 土器)] 등이 앞 시기의 송국리형 토기를 대신하여 만들어졌다. 무덤은 돌널무덤이 계속 만들어졌지만 고인돌은 더 이상 만들어지지 않고 대신해서 흙구덩이무덤[토광묘(土壙墓)]과 단지 무덤(옹관묘(甕棺墓)]이 만들어지게 된다. 집터는 송국리형 집터를 계승하여 규모가 작은 원형 또는 정사각형의 것이 계속해서 사용되었으며, 환호취락도 더 많이 만들이졌을 것으로 추정되지만, 아직 확실한 것이 발견된 바는 없다.

2. 진주지역 청동기시대의 유적과 유물

진주지역에서 발견된 이 시기의 유적은 헤아릴 수 없을 정도로 많은데, 집터가 있었다고 추정되는 유적과 확연하게 알 수 있는 고인돌 유적이 대부분이다.

지역적으로는 남강댐 수몰예정지로 말미암아 조사된 대평면 일대가 가장 많이 알려졌으며 집현면 죽산과 덕오리, 단목, 대곡면 설매리, 마진리, 수곡면 창촌리 등 남강이나 경호강, 덕천강변 일대에 유적이 집중적으로 분포하고 있다. 반면에 나동면, 사봉면, 이반성면, 명석면, 문산면, 미천면 등 남강에서 약간 떨어진 곳이나 평야가 거의 없고 야산이 많은 지역에서는 유적의 분포 빈도가 떨어지고 있다. 그러나 이것은 지금까지의 유적조사가 남강 주변을 중심으로 이루어졌기 때문에 나타난 현상일 뿐 앞으로 철저한 조사가 이루어지면 이러한 지역에서도 청동기시대의 유적이 수도 없이 많이 발견될 것으로 예상된다.

이 글에서는 수많은 유적을 일일이 소개할 수 없기 때문에 꽤 많이 조사되어 유적의 내용이 어느 정도 알려진 대평면 일대의 유적과, 유적의 범위가 광범위할 뿐만 아니라 일부의 내용이 알려진 집현면 죽산과 덕오리 유적에 대해서만 소개해 둔다.

1) 대평면 유적

청동기시대의 대평면 유적은 옥방 I ~ V 지구, 어은 I·II 지구, 상촌리, 중촌리, 하촌리, 내촌리 등 엄청나게 많은 유적들을 포함하고 있는데, 내촌리 유적을 제외하면 나머지 유적들은 거의 같은 지리적 환경에 있는 하나의 유적으로 파악하더라도 무방한 것들이다.

대평면 유적은 일제시대부터 그 존재가 알려졌다. 그 뒤 1976년부터 1980년까지 문화재관리국(현재의 문화재청) 문화재연구소가 연차적으로 발굴·조사하여 1동의 집터와 7기의 고인돌, 9기의 돌널무덤을 확인하였으며, 많은 석기와 토기들이 출토됨으로써 경남지역의 대표적인 청동기시대 유적으로 자리매김하게 되었다.

그러다가 남강 다목적 댐이 건설됨과 동시에 이 지역에 대한 하도개량 사업이 추진되면서 꽤 넓은 지역이 수몰되거나 소멸될 수밖에 없게 되자, 다시 광범위한 지역에 걸쳐서 발굴

조사가 이루어지게 되었다.

　발굴조사는 1996년부터 1999년까지 3차례에 걸쳐서 이루어졌으며, 경상대학교 박물관을 비롯하여 국립진주박물관 등 무려 16개의 국내 대학과 문화재 연구기관이 이 조사에 참가하였다.

　대평면의 청동기시대 유적은 아직 보고서가 모두 공표되지 않았기 때문에 자세한 내용을 파악하기는 어렵지만, 그동안 여러 차례에 걸친 현장설명회 자료와 현지답사, 학술발표회, 특별전 등을 통해서 알려진 사실들을 중심으로 소개하면 아래와 같다.

　대평면 유적의 지형적인 환경은 함양군과 산청군을 통과하는 경호강이 이 지역에 와서 크게 굽이쳐 흐르면서 넓은 범람원을 형성하였는데, 이 범람원 위에 대규모의 유적이 자리하고 있다.

　범람원은 자연제방(自然堤防)과 배후저지(背後低地)로 구분되는데, 자연제방은 하천을 따라 양쪽 또는 한쪽에 띠 모양으로 길게 발달하며, 가장 높은 부분은 평평한 형태를 띤다. 이것은 홍수 때 강을 넘쳐흐르는 물에 따라 강 바깥쪽으로 운반된 모래나 자갈, 뻘이 퇴적되어 형성된 지형이다.

　배후저지는 자연제방을 타고 넘은 홍수에 따라서 운반된

모래와 뻘이 자연제방의 바깥쪽, 즉 자연제방과 배후산지나 하안단구 사이에 퇴적되어 형성된 것으로 퇴적물은 자연제방보다 입자가 고운 흙으로 이루어지게 된다.

배후저지는 자연제방과 주위의 산지 또는 단구(段丘)나 선상지(扇狀地; 부채모양을 한 땅)에 둘러싸여진 오목한 지형인 경우가 많기 때문에 자연제방을 넘쳐흐른 물은 대단히 오랜 기간 이곳에 머물면서 작은 못이나 습지를 형성하기도 한다. 따라서 배후저지의 토양은 배수가 원활하게 이루어지지 않아서 대체로 사람의 생활공간으로서는 적절하지 못하다.

홍수 때 넘친 물이 강을 넘으면 운반된 토사는 입자가 굵은 물질부터 퇴적되기 시작해서 강에서 멀어질수록 입자가 고운 것이 퇴적된다. 이러한 퇴적과정이 홍수 때마다 되풀이해서 이루어지면 강을 따라서 형성되는 자연제방은 배후저지와 하천 둔치에 견주어 상대적으로 더 높게 된다. 이처럼 자연제방은 구성물질이 입자가 굵으며 해발고도가 높기 때문에 배수가 잘 이루어진다. 그러므로 이곳은 범람원 가운데에서 인간활동에 가장 좋은 공간이 된다.

1925년 조선총독부에서 측량한 지형도를 보면, 대평의 충적평야는 거의 대부분 밭으로 경작되고 있었으나, 해발고도가 약간 높은 곳은 취락이나 숲이 자리잡고 있음을 알 수 있다. 이때의 대평 충적평야에서 자연제방은 4개의 열로 구성되어 있는데, 이 가운데 상태가 좋은 자연제방에는 옥방동과 어은동의 가장 동쪽 마을이 열을 이루고 있다. 특히 옥방동에서는 과수원이 마을을 에워싸고 있을 뿐만 아니라 그 폭이 상당히 넓다. 이 자연제방은 강에서부터 2번째 자연제방이다.

이 자연제방보다 산쪽에 있는 농경지나 마을을 홍수로부터 보호하기 위해 마을의 외곽을 경계로 인공제방을 쌓았다. 1925년에 제작된 지형도에서는 이 인공제방보다 바깥에 해당되는 강쪽에 폭은 대단히 좁으나 침엽수(針葉樹)와 활엽수(闊葉樹)로 이루어진 숲이 남강과 평행으로 길게 자연제방을 이루고 있다. 이 자연제방은 가장 늦게 만들어진 것으로 1980년대에는 모두 밭으로 경작되었다.

이처럼 청동기시대의 대평은 평지가 아니라 강에 따라 형성된 자연제방과 배후사면(背後斜面)이 발달되어 완만한 굴곡을 갖는 곳이었다. 농경을 주된 생업으로 선택한 당시의 사람들은 이와 같은 지형조건을 잘 이용하여 마을과 농경지를 만들어 생활했다.

발굴·조사된 자료에 따르면 청동기시대의 약 600년 동안(또는 900년 동안?) 이 지역의 지형 변화는 거의 없었던 것으로 추정되며, 자연제방에 해당되는 약간 높은 대지에서 청동기시대의 이른 시기부터 중기까지의 집터가 모두 확인된다. 그리고 밭도 배후사면의 같은 위치에서 층층으로 경작되었음이 밝혀졌다.

대평 유적에서는 다양한 유구와 수많은 유물들이 출토되었는데, 이것을 항목별로 살펴보면, 다음과 같은 것들이 있다.

먼저 생활유적으로서는 집터와 환호취락을 들 수 있다. 집터는 대형의 직사각형과 더 좁은 직사각형, 그리고 약간 작은 정사각형 또는 원형의 것으로 나뉘어지는데, 옥방·어은지구에서만 400동 이상의 집터가 조사되었다.

평면형태가 직사각형인 집터[장방형·주거지(長方形 住居址)]는 대평 유적에서 가장 이른 시기에 속하는 집터이다. 이

집터는 땅을 파서 평면 직사각형으로 만들고 벽면을 따라서 등간격으로 기둥을 박아서 세우고 그 위에 지붕을 얹은 구조인데, 지붕과 기둥은 다 없어지고 기둥자리만 남아 있다. 바닥의 한가운데는 흙을 파거나 작은 돌을 돌려서 만든 화덕자리가 있었다. 이러한 형태의 집터는 다른 형태의 집터에 견주어 훨씬 규모가 크며, 그 가운데에는 길이 22m, 폭 10m에 달하는 대단히 큰 것도 있다.

이 직사각형 주거지를 만든 사람들은 이른바 각목돌대문토기 등의 민무늬토기를 만들어서 사용한 사람들이며, 또한 대평에서 본격적으로 농경을 시작했던 사람들로서 돌칼[石刀]를 사용하여 곡물을 수확하고, 이 곡물을 저장하기 위해 집터 바닥에 커다란 항아리를 묻어서 쓰기도 했다.

좁은 직사각형 집터[세장방형 주거지(細長方形 住居址)]는

60

직사각형 집터의 다음 시기에 만들어졌는데, 집터의 길이와 폭의 비율이 3:1이 넘는 좁고 긴 형태를 갖추고 있다. 이 형태의 집터는 가운데에 땅을 약간 파서 1~3개의 화덕자리를 일렬로 설치하였다. 이 집터들에서 발견되는 토기는 구순각목공열문 토기(口脣刻目孔列文土器; 민무늬토기의 일종으로서 아가리 맨 윗부분에 새김 눈금을 만들고 그 아래에 등간격으로 구멍무늬를 배치한 토기), 이중구연단사선문 토기(二重口緣短斜線文土器; 민무늬토기의 일종, 겹아가리 위에 짧은 빗금무늬를 그린 토기), 가지무늬 토기[채문토기(彩文土器)] 등이 있다. 이러한 형태의 집터는 그다지 숫자가 많은 것은 아니며, 직사각형 집터보다는 늦다 하더라도 시기적으로 모두 청동기시대 전기에 속하는 집터이다.

조금 규모가 작은 정사각형 또는 원형의 집터는 이른바 송국리형 문화단계의 집터들이다. 이 집터는 먼저 땅을 파서(깊은 것은 1m 정도) 평면 정사각형 또는 원형으로 만들고 내부에 기둥을 세운 뒤 지붕을 얹은 구조인데, 이 기둥은 직사각형 집터와는 달리 벽면을 따라서 등간격으로 세운 것이 아니라 집터의 한가운데에 두 개 또는 네 개의 기둥을 세운 구조이다. 이처럼 한가운데에 2 또는 4개의 기둥만 세울 경우 이 위에 지붕을 얹는 것은 불가능하거나 대단히 불안정하게 된다. 그렇기 때문에 송국리형 집터의

대평의 송국리형 집터

경우 지붕은 가운데의 기둥을 축으로 원추형의 지붕을 올림으로써 지붕의 끝자락이 집터의 가장자리에 얹히는 구조였을 것으로 추정되며, 이렇게 함으로써 지붕의 무게가 사방으로 분산되어 집이 무너지지 않고 유지되는 효과를 이루었을 것으로 생각된다.

송국리형 집터에서 나타나는 가장 큰 특징은 집터 바닥의 한가운데 기둥 사이에 타원형의 작업장이 마련된 점이다. 거의 모든 송국리형 집터에는 이러한 작업장이 마련되어 있으며, 이 작업장 안과 주위에서는 여러 점의 숫돌과 석기를 만들기 위한 돌[原石], 석기를 만들면서 깨트렸던 돌 조각, 그리고 석기를 숫돌에 갈 때 만들어지는 분말과 같은 돌가루, 만들다가 만 미완성 석기 등이 집중적으로 발견되고 있다.

한편 선사시대의 집터 한가운데에는 보통 화덕자리가 발견되고 있는데, 송국리형 집터에서는 화덕자리는 없고 대신 작업장이 한가운데에 만들어지고 있다. 그렇다면 사람의 생활에서 없어서는 안 되는 음식의 조리와 난방을 위한 화덕자리는 어디에 마련하였을까?

대평의 여러 유적에서는 집 밖에 만들어진 화덕자리[야외노지(野外爐址)]가 꽤 많이 발견되고 있다. 아마 대부분의 집 밖 화덕자리는 송국리형 집터와 관계가 있을 것으로 생각된다. 즉 이 단계의 취사행위는 바로 이웃하는 집터에 거주했던 사람들이 함께 모여서 이 집밖 화덕자리를 중심으로 이루어졌을 가능성이 높으며, 또한 이 화덕자리에서 돌을 데워서 집 안으로 가져감으로써 난방문제를 해결했을 것으로 추정된다.

대평의 생활유적으로서 집터 못지않게 눈길을 끈 것은 환호취락이다. 대평의 환호취락은 옥방 1지구와 4지구 두 곳에서 확인되었는데, 조사결과 옥방 1지구에서는 네 개 곳 이상의 환호가 확인되었으며, 그 가운데 한 개는 두 겹의 환호로 이루어졌다. 그리고 옥방 4지구에서는 두 개의 환호가 확인되었는데 여기에도 두 겹의 환호가 한 개 만들어져 있다.

가장 규모가 큰 옥방 1지구의 바깥쪽 환호의 내부 면적은 환호의 모양이 정사각형이라고 가정했을 때 최대 약 4만 4천㎡(1만 3천 평)에 달한다. 울산 검단리 유적 청동기시대의 환호가 5천9백74㎡, 산청 사월리 유적의 환호가 1천8백㎡인 점을 감안한다면, 대평의 환호가 얼마나 큰지 짐작이 간다.

환호는 단면 V 또는 Y자 모양으로 깊이 파고 환호 안쪽에는 나무를 이용하여 만든 울타리[목책(木柵)]나 담장[토루(土壘)]를 쌓아 올렸으며, 환호 안의 사람들이 바깥쪽으로 출입하기 위해 입구[육교부(陸橋部)]를 만들어 놓았다.

환호취락의 경우 집터는 당연히 환호 내부에 집중적으로 만들어졌으나 환호의 바깥쪽에도 상당히 많은 집터들이 분포하고 있다. 이 바깥쪽 집터들은 경작지와 가까이 있기 때문에 여기에 살았던 사람들은 환호 안쪽 사람들과 구별되는 오로지 농사에 전념했던 사람들이었을 것이다. 그리고 멀리 경작지 바깥쪽, 즉 강쪽에 가장 가까운 곳에 만들어진 몇 동의 집터는 평상시 사람들이 거주했던 집터라기보다는 농경지를 경작하거나 강에서 물고기를 잡을 때 일시적으로 이용했던 집터였을 것으로 추정된다.

이렇게 생활했던 대평 사람들이 죽으면서 남겨놓은 흔적, 즉 매장유구로는 고인돌·돌널무덤·흙구덩이무덤을 들 수 있다. 주목되는 것은 이러한 무덤들이 경작지와 일반인들의 집터 사이에 일정한 공간을 차지하면서 열을 이루며 만들어져 있는 점이다.

고인돌은 죽은 사람이 묻힌 장소 위에 커다란 바위를 덮어 뚜껑돌로 삼은 것이며, 돌널무덤은 얇은 돌을 이용하여 죽은 사람이 들어갈 관을 만든 것이다. 흙구덩이무덤은 돌을 이용하지 않고 땅을 판 뒤 죽은 사람을 묻은 것인데, 여기에 나무나 갈대와 같은 풀을 사용했을 가능성은 있으나 이러한 것들은 삭아서 없어졌으므로 오늘날에는 알 수 없다.

이 가운데 고인돌은 뚜껑돌을 중심으로 원형 또는 정사각형으로 강 돌을 깔아서 묘역(墓域)을 만들고 가운데에 매장시설을 설치하였으며, 묘역의 주위에 작은 돌널무덤 여러 기를 배치해 놓았다. 아마 고인돌에 묻힌 사람과 주위의 돌널무덤에 묻힌 사람 사이에는 어떤 관계가 있었을 것으로 추정된다. 이러한 고인돌 가운데 옥방 1지구에서는 예외적으로 환호 안쪽에 1기가 있는데, 이 고인돌의 주인공은 당시 사회에서 특수한 신분의 사람이었을 것으로 생각된다.

돌널무덤은 열을 이루면서 드문드문 분포하고 있는데, 모두 얇은 돌을 이용하여 상자처럼 만든 것들로서 대평 유적에서 가장 많이 발견된 매장유구이다.

흙구덩이무덤은 돌널무덤 속에서 몇 기만 발견되었다. 아마 이 흙구덩이무덤은 대평 사람들이 그다지 애용하지 않았던 무덤 형태였을 가능성이 높다.

고인돌과 돌널무덤은 청동기시대 사회의 경제적인 풍요와 이것을 바탕으로 관념화한

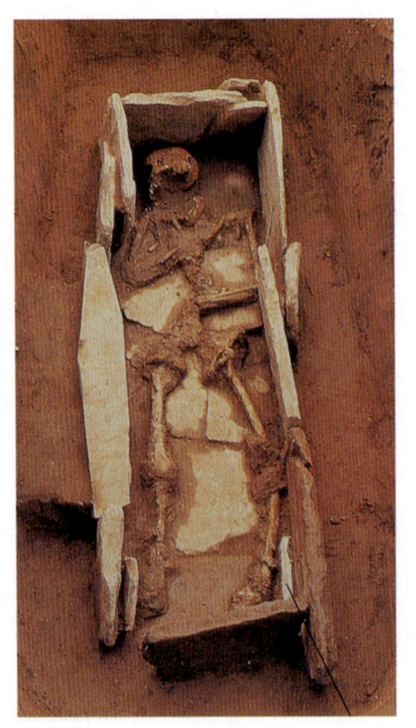

사람뼈가 남아 있는
돌널 무덤

죽음의 세계를 짐작할 수 있게 한다. 고인돌의 무거운 뚜껑돌을 목적지까지 운반하려면 당시의 토목기술이 총동원되어야 했을 뿐만 아니라 막대한 노동력이 필요했을 것이다. 청동기시대의 사회가 사람의 죽음에 대해 막대한 노력, 기술, 물자를 들였음을 말해주며, 이것은 구석기시대나 신석기시대 사회에서는 찾아 볼 수 없는 사회적 에너지이며 죽음에 대한 뚜렷한 관념이 있었음을 보여준다.

이러한 무덤에 함께 묻었던 유물은 붉은 간 토기, 가지무늬 토기 등의 토기와 간 돌검, 간 돌화살촉 등의 석기, 그리고 천하석제[天河石製; 푸른 색깔이 나는 옥돌의 일종] 구슬들이다. 대부분 무덤 안에서 발견되고 있으나 토기들 가운데 어떤 것은 무덤 바깥에 별도로 마련된 공간에서도 발견된다. 그리고 무덤 위에 여러 점의 민무늬토기를 일부러 깨트려서 무덤을 덮어놓은 것도 있다.

한편 무덤이라는 것은 죽은 사람을 묻어놓은 구조물이기 때문에 당연히 묻힌 사람의 흔적이 남게 마련이다. 그러나 우리나라는 산성 토양이기 때문에 유기물은 빠른 시일 안에 삭아 버린다. 따라서 우리나라 선사시대의 무덤에서 죽은 사람의 흔적을 찾는 일이란 거의 없다. 다만 특수한 환경, 이를테면 조개무지나 조개가루가 포함된 흙 속에 만들어진 유구, 석회암 동굴지대와 같은 곳에는 사람뼈가 비교적 잘 남아 있다.

대평 역시 이러한 특수한 환경을 가진 지역이 아니기 때문에 대부분의 무덤에 죽은 사람의 흔적은 남아 있지 않다. 그러나 몇몇 무덤 속에는 상태가 썩 좋은 것은 아니지만 사람뼈가 남아있어서 당시 대평에 살았던 사람들의 실체를 어느 정도 알게 해 준다.

대평에서 발견된 사람뼈를 통해서는 다음과 같은 것을 알수 있다.

첫째, 사람을 묻을 때 사지를 굽혀서 무덤 속에 안치하였다는 것이다[굴장(屈葬)]. 오늘날 우리나라 사람들은 예외 없이 사람이 죽으면 온몸을 반듯하게 눕혀서 장사를 지낸다[신전장(伸展葬)]. 그러나 대평 유적의 예에서 보듯이 전부는 아니지만 우리나라 청동기시대에는 사지를 굽혀서 장사지낸 것도 있음을 알 수 있다.

둘째, 여성이 머리가 잘린 채 무덤에 매장된 예의 발견이다. 대개 선사시대에 사람의 머리가 잘리는 예는 전쟁터에서 군인들이나 씨족, 부족 사이에 일어난 충돌과정에서 나타난다. 그러나 이 경우에는 모두 여성이 아니라 남성이다. 따라서 대평처럼 목이 잘린 여성의 매장은 씨족이나 부족 사이에 벌어진 충돌이나 전쟁 속에서 죽은 여성을 묻은 것이 아니라 지금은 알 수 없는 어떤 장례의례의 결과물일 가능성이 높다.

셋째, 어린아이도 따로 무덤을 만들어서 매장했다는 것이다. 대평 유적에서 확인된 어린아이 뼈는 대략 5살 전후임이 밝혀졌다. 따라서 5살 전후의 어린아이도 사회의 구성원으로서 분명히 인식되고 있었음을 알 수 있다.

넷째, 대평 유적에서 발견된 사람들의 키는 남성이 164cm, 여성은 평균 149cm이다. 이러한 청동기시대 대평 사람들의 키는 시기가 약간 늦은 삼천포 늑도 사람들(늑도의 여성은 147cm, 남성은 161cm이다)보다는 크며, 삼국시대의 김해 예안리 사람들(예안리의 여성은 150.8cm, 남성은 164.7cm이다)보다는 약간 작았음을 알 수 있다.

대평 유적에서 발견된 유구 가운데 집터나 무덤과 함께 주

목을 끄는 것은 생산유적인 밭이다. 자연제방의 강쪽 경사면
에서 발굴된 밭의 면적은 평면적만 대략 4만㎡(1만 2천여 평)
이다. 대평의 가장자리에 해당하는 발굴지역과 오랜 세월 동
안 강물로 말미암아 없어진 지역, 발굴이 이루어지지 않은 제
방의 안쪽을 모두 합친다면, 본래의 밭은 발굴에서 알려진 것
보다 몇 배에 달할 것으로 추정된다.

  그리고 발굴 결과 청동기시대 밭은 윗층 밭의 아래에 중간
층 밭, 아래층 밭이 층층으로 쌓여 있어서 같은 자리에서 오랫
동안 반복하여 경작이 이루어졌음이 밝혀졌다. 즉 어떤 사람
들이 밭을 경작하다가 홍수가 일어나서 많은 토사가 밭을 덮
어버리면 경작지를 포기한다. 그러다가 물이 빠지면 새롭게
만들어진 층위에 다시 밭을 일구어서 경작한다. 이러한 일이
반복해서 이루어짐으로써 대평의 밭은 지표 아래 4m 가량 밑

에서부터 1m 가량까지 층층으로 쌓이면서 남아 있게 되었다.

대평에서 확인된 대규모의 밭은 크게 두 가지로 구분된다.

첫째는 옥방 2지구와 어은 1지구에서 발견된 밭인데, 이 밭들은 작은 구획으로 나누어지지 않는다. 다만 큰 밭의 시작과 끝 부분의 경계만 있어서 전체적인 범위만 한정되어 있을 뿐이다. 이 밭들의 이랑 방향은 강의 흐름과 직각으로 맞서서 일정하다.

둘째는 옥방 3지구, 6지구, 8지구의 경우인데, 이 밭들은 전체를 다시 작은 단위로 나누었으며, 단위가 비교적 뚜렷하게 나타나고 있기 때문에 의도적으로 구획했음을 알 수 있다.

발굴성과를 종합할 때 대평에서 발굴된 밭들은 대부분 소규모로 나누어지지 않거나 나누어지더라도 규모가 큰 것들로서 가히 농장이라고 부를 만한 것들이다. 특히 4천여 평 규모에 이르는 규모의 어은 1지구 밭의 예를 보더라도 이러한 밭은 집단이 공동으로 경작했다고 볼 수밖에 없다. 대규모 농경에 필요한 노동력은 몇몇 사람만의 힘으로는 불가능하며, 집단적인 협업(協業)에 의한 공동의 힘으로 이루어질 수밖에 없었을 것이다. 따라서 대평의 농경사회는 많은 노동력이 동원된 공동생산체로 유지되었을 것으로 추정된다.

그리고 하나의 밭은 고랑을 만들면서 퍼 올린 흙을 이용하여 이랑을 만들었는데, 소와 같은 가축을 이용하지는 않았으며 모두 사람이 목기나 석기를 이용하여 직접 만들었을 것이다. 그런데 고랑의 형태가 다양하게 나타나기 때문에 작물의 종류에 따라서 다른 형태의 밭을 만들었을 가능성도 있다.

이러한 밭에서 경작되었던 작물은 집터나 밭에서 탄화된 상태로 발견되었는데 쌀 · 밀 · 보리 · 기장 · 조 · 콩 · 들깨 등

이 포함되어 있다. 특히 볍씨는 민무늬토기의 밑바닥에 찍힌
채 그 흔적이 잘 남아 있다. 그러나 이 볍씨가 밭에서 경작한
것인지 아니면 아직 조사되지 않고 남아 있는 대평들 밑에 있
을 가능성이 있는 논에서 재배한 것인지는 잘 알 수 없다.

이러한 대평의 여러 유적에서는 헤아릴 수 없이 많은 유물
들이 출토되었는데, 청동기시대이지만 청동제품은 단 1점의
굽은 옥형[곡옥형(曲玉形)]뿐이며, 대다수는 토기와 석기, 구
슬로 된 장신구들이다.

먼저 토기는 모두 민무늬토기들로서 형태는 단지형 토기
[호형토기(壺形土器)]와 바리형 토기[발형토기(鉢形土器)], 뚜
껑, 굽다리 토기로 나누어진다. 단지형 토기에는 민무늬 단지
형 토기와 붉은 간 토기, 가지무늬
토기가 포함되어 있으며, 바리형 토
기에는 깊은 것[심발형(深鉢形)]과
얕은 것[천발형(淺鉢形)] 등 여러 가
지가 섞여 있다.

그리고 토기에 베풀어진 장식을
기준으로 하면 각목돌대문토기, 이

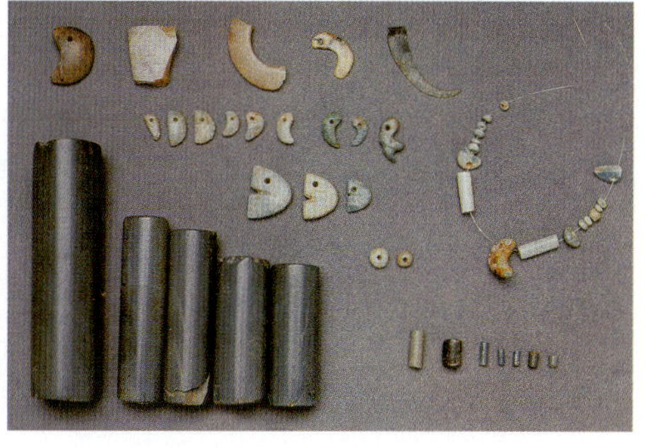

중구연 단사선문 토기, 구멍무늬 토기, 구순각목문 토기(아가리의 입술 부분에 새김무늬가 새겨진 토기) 등으로 나눌 수 있는데, 이러한 토기들은 대부분 어느 시기의 특징을 반영하고 있는 것이다. 이러한 토기의 용도는 큰 것은 대부분 곡물의 저장용 그릇이었으며, 실제로 어떤 단지모양 토기는 집터의 바닥에 묻힌 상태로 발견되었을 뿐만 아니라 그 속에서 조와 벼 등의 곡물이 출토되기도 했다. 그리고 바닥에 구멍이 뚫린 것이나 토기의 외면에 그을린 자국이 있는 토기들은 음식물을 조리할 때 사용했던 것들임이 분명하다.

표면에 붉은 색의 안료를 바르고 정성스럽게 문지른 적색 마연 토기와 토기를 구울 때 검게 그을려서 무늬를 만든 가지무늬 토기는 특수한 용도를 가졌던 것들이다. 무덤 속에서 발견되는 토기가 대부분 이러한 토기들이기 때문에, 한때는 이러한 토기가 무덤에 넣어주기 위한 목적으로 특별히 만들어졌을 것으로 생각되었다. 그러나 최근의 조사에서 무덤뿐만 아니라 집터에서도 많이 발견되고 있기 때문에 반드시 무덤에 넣어주기 위해서 만들었던 것은 아니며, 일상생활에서도 어떤 용도로 사용되었던 것이라고 생각하고 있다.

석기는 대부분 간 석기인데 농기구로 사용된 괭이와 호미는 깬 석기의 전통을 유지하고 있다. 이러한 석

(위)대평에서 드러난 단지형 민무늬 토기

(아래)대평에서 드러난 바리형 민무늬 토기

기를 쓰임새에 따라서 나누면 아래와 같다.

- 땅을 팔 때 사용한 것; 괭이, 호미, 부리형 석기.
- 목기를 만들 때 이용했던 것; 양날도끼[合刃石斧], 대패
  날[扁平片刃石斧], 돌끌, 주상편인석부[柱狀片刃石斧].
- 짐승을 잡을 때나 무기로 사용되었던 것; 돌칼, 돌화살
  촉, 돌창.
- 곡식을 수확할 때 사용한 것; 석도, 돌낫.
- 곡식을 가공할 때 사용한 것; 갈돌과 갈판.
- 석기를 만들 때 사용한 것; 숫돌.

이러한 석기 가운데 대다수는 집터에서 발견되었지만 돌칼
과 돌화살촉은 무덤 속에서도 많이 발견되고 있다. 따라서 이
석기 가운데 돌칼·돌화살촉과 같이 본래의 기능을 잃어버리
고 주검의 껴묻거리로 쓰임새가 바뀐 것도 있음을 알 수 있다.

대평에서 발견된 구슬은 벽옥(碧玉, Jasper)제 대롱옥과 천
하석(天河石, Amazonite)제 옥, 백색의 옥이 있다. 석영의 일종
으로 경도 7인 벽옥은 대롱옥으로 제작되었으며, 천하석제 옥
은 형태가 다양하여 부정형, 반달형, C자형, 둥근 것 등 여러
가지가 있다. 천하석은 석영 또는 장석의 일종으로 경도는 6이
며, 지리산 주변의 변성암지대에서 산출된다. 이 옥은 쉽게 쪼
개지기 때문에 가공이 손쉬운 반면 잘 부숴지기 때문에 미완
성의 것이 많다.

특히 옥방마을에서는 이러한 옥을 가공하기 위해 둥근 홈
이 파인 숫돌과 구멍을 뚫기 위한 침과 같이 생긴 석기들도 상
당히 많이 발견되어서, '옥방(玉房)'이라는 지명에서 보여지듯

이 옥을 만드는 공방이 있었음을 알 수 있다.

이러한 구슬 장신구뿐만 아니라 옥방 5지구에서는 바닷가에서 가져 온 꼬막을 가공하여 목걸이를 만든 것도 보인다. 대평에서 발견된 유물 가운데 위에서 이야기한 토기와 석기, 장신구 이외에 실을 감는 데 사용한 가락바퀴, 물고기를 잡을 때 이용한 그물추 등도 상당히 많이 발견되었다. 이것들은 대부분 흙으로 만들었으나 그 가운데에는 돌을 가공하여 만든 것도 보인다.

2) 집현면 신당, 덕오리 유적

유적은 신당리 죽산마을과 덕오리 월평과 평촌마을에 있으며, 이웃한 대곡면 단목리, 월아리 일대에 곳곳에도 청동기시대 유적이 있다. 이들 유적은 북쪽으로 흐르는 남강을 향해 동쪽으로 뻗어 나온 크고 작은 야산의 경사면에 있다. 이 가운데 죽산 유적에는 청동기시대뿐만 아니라 가야시대의 덧널무덤, 돌덧널무덤들과 함께 있다.

집현면의 여러 유적에서 확인된 유구는 죽산리의 돌널무덤

뿐이지만, 조사가 이루어지면 많은 수의 집터도 발견될 것으로 예상된다. 발견된 유물은 죽산리의 돌널무덤에서 출토된 가지무늬토기와 돌화살촉을 비롯하여 평촌마을에서 한꺼번에 신고된 돌창과 돌화살촉, 그리고 채집된 돌도끼, 반달칼[半月形石刀], 숫돌, 유구석부(有溝石斧) 등의 석기와 구멍무늬 토기, 겹아가리 토기, 굽다리 접시, 소뿔 모양 손잡이, 붉은 간 토기 등의 토기가 있다.

　이러한 자료를 볼 때 집현면의 유적들은 청동기시대의 전기부터 후기까지 오랫동안 형성되었음을 알 수 있는데, 더 자세한 내용은 이 일대에 대한 발굴조사에 따라 앞으로 밝혀질 것으로 기대된다.

3. 진주지역 청동기인들의 생활모습

　진주지역 청동기시대의 유적은 크게 볼 때, 대평리나 마진리 유적처럼 남강가에 발달한 비옥한 퇴적층 위에 이룩된 것과 집현면 죽산리나 덕오리 등과 같이 강에서 약간 떨어진 곳의 야산 경사면에 집터가 마련되어 있는 것으로 나눌 수 있다. 유적의 규모는 강가의 퇴적층 위에 이룩된 것이 훨씬 크지만, 수적으로는 야산의 경사면이나 구릉지대에 있는 유적이 더 많다.

　이처럼 청동기인들이 살았던 주변환경이 다르다면 자연히 그들의 생활모습도 다를 수밖에 없었을 것이다. 그러나 진주지역에서는 아직까지 야산의 경사면이나 구릉지대에 분포하고 있는 청동기시대의 유적이 조사된 바가 없기 때문에 이들의 삶의 모습을 구체적으로 알기는 어렵다.

대평 유적의 청동기시대 유구는 크게 보아, 우리나라 청동기시대 전기에 속하는 것과 중기, 즉 송국리형 문화단계에 속하는 것으로 나누어지는데, 전기에 속하는 유구는 그다지 많지 않으며 대다수가 중기에 속한다. 따라서 이 중기에 속하는 유구를 중심으로 대평 사람들의 삶의 모습을 되살려 보고자 한다.

청동기시대 중기에 대평에는 중심취락이 환호를 중심으로 두 곳에 만들어졌다. 각각의 취락 중심에는 환호가 있고 주변에서는 일반인들이 거주하였으며, 일반인들의 집터 바깥쪽에는 매장공간이 만들어졌고, 이 매장공간의 바깥쪽에는 아주 넓은 밭이 경작되었다. 그리고 이 밭의 바깥쪽 강가에는 경작이나 물고기잡이를 위해 임시로 지은 집이 몇 채 늘어서 있다.

환호란 주거지역을 둘러싼 큰 도랑과 같은 시설로서 경계, 구획, 방어의 기능을 하였을 것으로 생각된다. 환호를 건설하고 유지·보수하는 데는 많은 사람들의 노동력이 필요했을 것이므로 이러한 작업은 공동체 전체의 협업으로 이루어졌을 것이다. 이 환호를 굴착하기 위해서는 석재 도구들이 사용되었는데, 이 작업은 시간도 많이 필요하고 힘든 일이었기 때문에 구간을 나누어서 주민들이 분담하였을 것으로 추정되는 흔적도 남아 있다.

옥방 1지구의 가장 규모가 큰 환호는 너비 3m, 깊이 2m 이상 되는 단면 V자형을 이루는 것인데, 전체의 평면형태가 정사각형이고 한 변의 길이만도 40m에 달한다. 이렇게 규모가 큰 도랑을 파고 그 안쪽에 토루(土壘)를 쌓고 토루 위에 나무 울타리를 설치하여 아주 견고하게 만들었다. 이처럼 대규모의 토목공사가 뒤따르는 환호를 만들 수 있었다는 것은 이 시대

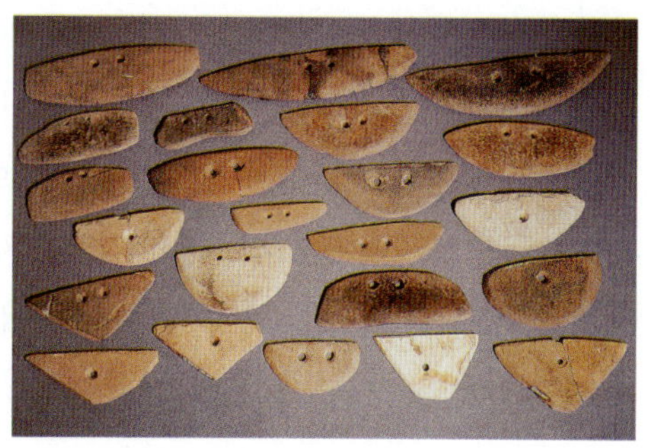

의 대평사회가 많은 인구를 부양할 수 있는 경제적 기반을 갖추고 있는 한편, 우두머리[首長]를 중심으로 조직적으로 결속된 상당히 발전된 사회였음을 보여주는 것이다.

환호는 밭과 무덤 그리고 외곽의 거주공간을 제외한 중심 거주공간만을 둘러싸고 있는데, 환호를 경계로 공간구분이 이루어지고, 그 내부는 보호를 받게 된다. 이 환호를 드나들려면 통로를 통해서만 가능하기 때문에 자연히 출입구가 만들어질 수밖에 없다. 환호 내부와 외부의 구실이 다르고 하는 일도 달랐을 것으로 가정한다면, 출입에도 일정한 통제가 가해졌을 것임은 쉽게 추정된다.

환호 안의 수많은 구덩이와 구획시설에 대해서는 아직까지 그 각각의 구실을 충분히 이해할 수는 없다. 그러나 작업장, 토기를 굽던 가마, 저장시설 등 생산과 관계된 것이 많은 것으로 보아, 농산물을 저장하고 수공업품을 생산하는 일이 이 환호 안에서 좀더 체계적이고 전문적으로 이루어졌을 가능성이 높다.

고대의 도시는 일정한 지역의 정치·경제·문화의 중심이 되는 인구집중 지역이라고 할 수 있으며, 그 지역에 사는 사람들에게 관심이 집중되는 곳이다. 따라서 이곳에는 촌락과 구별되는 명확한 모습과 특별한 활동을 하는 주민집단이 있어야 한다. 이와 같은 도시의 모습을 대평사회에 적용시키는 데는 무리가 있지만, 도시의 시원적인 형태가 이 시기의 환호취락에서부터 비롯된 것으로 볼 수는 없을까? 생산물이 모이고, 상품이 만들어져서 다른 지역에서 온 사람들과 더 체계적으로 교역이 이루어지는 중심적인 창구 노릇을 대평의 환호취락이 담당했던 가능성은 없는 것일까?

같은 시기의 단성 사월리, 산청 옥산리에서도 환호취락이 조사되었는데, 남강수계에서 이들 취락보다 훨씬 규모가 큰 대평의 환호취락을 도시에 비유한다면, 대평 취락이 이들 유적과는 경제적으로 밀접한 상호관계에 있었던 중심지였다고 볼 수 있다. 이러한 대평지역의 사회구조와 중심지로서 기능에 대해서는 더 자세히 연구되어야 할 과제다.

한편 농경사회가 점차 성숙하고 발전하면서 마을과 마을

대평에서 드러난 돌도끼

사이에 생산물의 수취나 영역의 확장 등 다양한 원인에 따라 일어날 수도 있는 전쟁과 같이 위험한 상황에 대비하고 경계하기 위해 환호가 만들어졌을 가능성도 있다. 이곳에서 발견된 돌화살촉을 짐승을 잡기 위한 도구가 아니라 무기로 본다면, 이 시기 이 지역에서 싸움이 벌어졌을 가능성도 없지는 않을 것이다.

이와 같은 상황 속에서 대평 사람들의 생활은 어떠했을까?

선사시대 인간들의 주된 관심사는 어떻게 하면 날마다 배를 채울 것인가, 그리고 인간이 죽으면 어떻게 될까 하는 데 집중돼 있었다.

이러한 생각 속에서 먹거리를 좀더 많이 안정적으로 확보하기 위해 토기와 석기를 만들고 발전시켜 왔다. 죽음의 공포를 극복하고 죽고 난 뒤에도 현세의 삶이 지속되었으면 하는 바램으로 사후세계를 그려내고, 그 사후세계를 위한 공간을

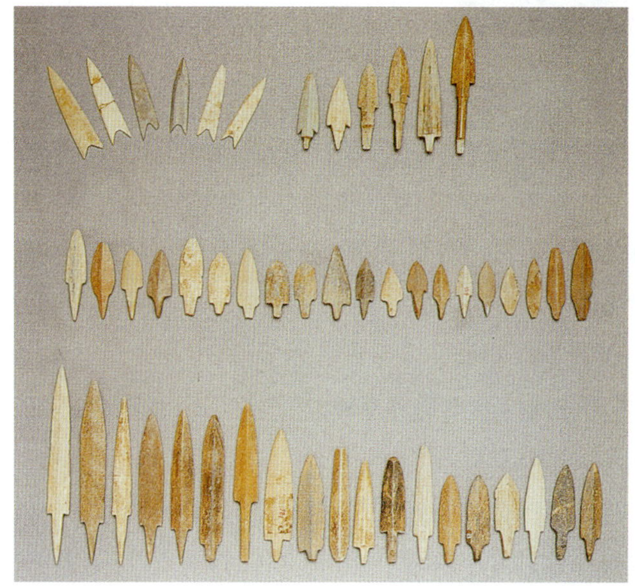

대평에서 드러난 돌화살촉

(위)대평에서 드러난
돌칼
(아래)대평에서 드러난
갈돌과 갈판

무덤이라는 형태로 만들게 되었다.

그렇다면 대평 사람들은 어떻게 토기를 만들고, 석기와 장신구, 그리고 무덤을 만들었을까?

선사시대 토기를 만드는 과정은 먼저 흙을 물에 걸러서 불순물을 제거하여 입자가 고운 점토를 만든다. 그리고 물을 말리거나 불에 구울 때 토기가 일그러지는 것을 막고자 석영이나 장석 등을 점토와 섞기도 한다. 토기의 형태는 점토띠를 만들어 쌓고 점토띠와 점토띠를 서로 접합하는 방식으로 만든다. 일단 형태가 만들어지면 목판으로 긁거나 두드려서 표면을 깨끗하게 하고 마지막으로 물을 묻혀 곱게 정리하기도 한다. 이렇게 형태가 완성된 토기는 흙구덩이에 넣어 굽는데, 기술이 낮아서 오늘날과 같은 굴가마[등요(登窯)]는 사용하지 못하였다. 그렇기 때문에 토기가 굽히는 온도도 매우 낮았을 뿐만 아니라 공기가 충분히 공급됨으로써 그릇은 무르고 색깔은 적갈색을 띤다. 이렇게 만들어진 토기는 잘 부서지기 때문에 많은 토기들이 만들어질 수밖에 없었다. 따라서 대평의 청동기시대 유구에서 발견된 유물들 가운데서도 토기가 가장 많은 수량을 차지하고 있는 것이다.

이렇게 만들어진 대평의 민무늬토기는 용도에 따라서 여러 가지 크기와 형태를 지니게 되었다. 대다수는 각각의 집에서

78

필요에 따라 만들었을 것으로 생각되지만, 만들기가 까다로운 대형 토기는 꽤 숙련된 기술이 요구되는 것이기 때문에 전문적인 기술자가 만들었을 가능성도 있다.

토기와 함께 많이 만들어진 것이 석기이다. 이 석기의 재료는 강가에 널려있는 돌을 이용하거나 인근의 야산에 있는 바위를 쪼개어서 이용했을 것이다. 석기는 어떤 용도의 것을 만들 것인가를 생각하면서 원석을 두드려서 거친 형태를 만들고 굴곡이 심한 부분을 다시 잘게 두드려서 굴곡을 없앤 뒤 숫돌에 갈아서 날을 세웠다. 이러한 석기 역시 대체로 각각의 가정에서 만들었다고 생각되지만, 아주 정교한 제품을 많이 만들 경우에는 별도의 기술자가 담당했을 가능성이 높다. 특히 특별한 의미를 가졌지만, 만들기가 까다로운 구슬들은 거의 대부분 전문 장인의 손으로 만들어졌을 것이다.

요컨대 청동기시대의 대평 사람들은 환호를 중심으로 집을 짓고 석기와 목기를 써서 밭갈이를 했을 뿐만 아니라 남강의 물고기를 잡거나 야산의 짐승을 잡아먹으면서 비교적 풍요로운 삶을 살았다. 그리고 특별히 많이 만들어 남는 구슬이나 석기를 바닷가의 사람들에게 건네주고 대신 소금과 같은 필요한 물건으로 바꾸었을 것이다. 사람이 죽은 뒤에도 이전과는 달리 정해진 구역에 무덤을 만들고 껴묻거리와 함께 정성을 다하여 땅속에 묻었다.

Ⅶ. 삼한시대의 진주

　　청동기보다 훨씬 더 대량 생산이 가능한 철기문화의 등장
은 농업생산력의 증대와 전쟁 수행능력을 향상시켰으며, 이를
배경으로 각 지역에서는 이전보다 훨씬 큰 정치체가 형성되기
시작하였다. 남한에서 이때 만들어진 정치체는 삼한소국(三韓
小國)이었으며, 이 삼한 가운데 경상남도 지역에 있다가 뒷날
가야로 바뀐 것이 변한(弁韓)이었다.

　　동아시아의 철기문화는 중국의 춘추(春秋)시대(기원전 770
~404년)부터 등장하여 전국(戰國)시대(기원전 404~221년)가
되면 중국대륙에서는 보편화되며, 이것을 바탕으로 진·한 고
대제국(秦·漢 古代帝國)이 성립한다.

　　이러한 중국의 철기문화는 곧 주변지역으로 파급된다. 우
리나라는 전국시대에 화북(華北)의 동북지역에 자리잡고 있었
던 전국7웅(戰國七雄) 가운데 하나인 연(燕)나라의 주조철기
(鑄造鐵器; 철기를 생산할 때 거푸집을 만들어서 쇳물을 이 거
푸집 안에 부어서 만든 철기)문화의 영향을 받기 시작한다. 그
러나 이 연나라의 철기문화는 우리나라의 서북지역 일부에만
영향을 끼쳤다. 철기문화가 우리나라 전역에 파급된 것은 한
나라의 낙랑군(樂浪郡)이 설치된 이후이다.

　　이처럼 기원전 4세기경부터 중국의 철기문화가 영향을 끼
쳤다고는 하지만, 이 무렵 우리나라에는 청동기문화가 더욱 발
전하여 두 문화가 공존하고 있었기 때문에 완전한 철기시대라

고 부르기는 어렵다. 이 때문에 우리는 이 시기를 '청동기시대 후기'라고 부르는 한편 '초기철기시대'라고 부르기도 한다.

그리고 기원후 0~300년까지는 분명히 철기시대에 해당된다. 이 시기는 또한 삼국시대가 시작되기 직전에 해당되기 때문에 고고학계에서는 '원삼국시대(原三國時代)'라고 부르지만 역사학계에서는 이를 삼한시대로 파악하여 혼란을 불러일으키기도 한다.

어떻든 이 시기의 집터는 대개 강가나 해안의 평탄한 모래층 위나 구릉 위에 만들어졌으며, 평면 형태는 직사각형 또는 정사각형이고 간혹 원형의 주거지도 보인다. 집의 출입구는 집터의 짧은 벽 한가운데에 만들어졌으며 폭은 1m 안팎이고 길이는 1~2m 정도로 바닥이 경사져서 올라간다. 화덕자리는 돌을 깐 형태인데 집의 거의 가운데에 만들어져 있다.

이 시대의 무덤은 4종류가 확인되고 있다. 널무덤[목관묘

(木棺墓)]과 덧널무덤[목곽묘(木槨墓)]이 주류를 이루고, 단지무덤[옹관묘(甕棺墓)]은 부차적으로 만들어졌으며, 돌널무덤[석관묘(石棺墓)]은 극히 예외적으로 존재했다.

이 가운데 널무덤은 삼한시대 전기를 대표하는 무덤으로서, 대체로 산에서 길게 뻗어 내려온 낮은 대지 위에 자리하고 있다. 길이의 방향은 동−서를 기본으로 한 것이 많고, 대개 시신의 머리를 동쪽으로 두었으며, 대단히 깊게 설치되어 있다.

반면에 덧널무덤은 삼한시대 후기에 등장하여 삼국시대까지 아주 많이 만들어졌던 무덤이다. 널무덤과 같이 산기슭 또는 구릉의 끝 부분에 많이 만들어졌으며, 무덤의 길이 방향은 등고선과 일치하는 경향이 보이고 있다. 이러한 덧널무덤은 널무덤에 견주어 깊이가 얕아지는 편이다. 특히 덧널의 사용에 따라 무덤의 규모가 커지면서 껴묻거리의 양이 뚜렷하게 증대되며, 이 시기의 말기에는 껴묻거리만 묻어두는 별도의 공간인 부곽(副槨)이 만들어지는 등 주목할 만한 변화가 나타난다.

단지무덤은 대개 지표면을 얕게 파서 단지 및 껴묻거리를 배치한 뒤 흙으로 덮었는데, 하나의 단지만 사용한 것[단옹식(單甕式)]과 2개의 단지를 사용하여 아가리를 서로 맞물린 것[합구식(合口式)]도 있다.

돌널무덤은 앞 시기인 청동기시대의 매장 전통을 가진 무덤으로서, 오랫동안 그 명맥을 유지했으나 크게 유행했던 무덤은 아닌 것 같다.

이와 같은 여러 유구에서 발견된 유물은 토기와 철기, 장신구 등이다. 토기는 종래 민무늬토기의 기술적인 전통 위에 중국 한나라 토기문화의 영향을 더 강하게 받은 회백색 바탕의 와질토기(瓦質土器)와 종래 민무늬토기의 전통을 강하게 고수하고 있는 적갈색 연질토기(軟質土器)로 크게 나뉘어진다.

이 가운데 와질토기는 널무덤이 주로 축조된 삼한시대 전기에는 조합우각형파수부 장경호(組合牛角形把手附 長頸壺; 두 개의 소뿔 모양이 합쳐진 형태의 손잡이가 달린 긴 목 항아리)를 비롯하여 원저단경호(圓底短頸壺; 밑이 둥근 짧은 목 항아리), 주머니호로 불리는 작은 단지, 크고 작은 연질옹(軟質甕) 등 토기가 비교적 단순한 구성을 보이면서 발견된다. 반면에 덧널무덤이 만들어지기 시작한 삼한시대 후기가 되면, 조합우각형파수부 장경호는 대부장경호(臺附長頸壺; 다리가 달린 긴 목 항아리) 또는 대부직구호(臺附直口壺; 다리가 달린 곧은 아가리 항아리)로 대체된다. 주머니호는 완전히 사라지고 원저단경호와 연질옹들은 여전히 만들어지면서 새로운 굽다리접시[고배(高杯)]와 화로 모양 토기[노형토기(爐形土器)], 오리 모양 토기[압형토기(鴨形土器)] 등이 등장한다. 즉 전기에 견주어 토기의 구성이 복잡해질 뿐만 아니라 한 무덤 안에 많은 수의 토기가 부장되는 현상도 확인된다.

철기는 화살촉, 창, 칼, 도끼, 괭이, 따비 등 무기와 농공구들이 발견되고 있는데, 그 양은 많지 않다. 이 가운데에서 주목되는 것은 철판도끼[판상철부(板狀鐵斧)]이다. 출토 상태를 보면 도끼나 자귀의 역할을 한 것도 있으나, 자루가 없이 발견된 것이나 날이 없는 것 등은 철소재로서 쇠뭉치[鐵鋌]의 구실을 한 것이 눈에 띈다.

그리고 장신구는 금이나 은 또는 금동제품은 전혀 보이지 않고 수정이나 마노(瑪瑙), 유리구슬 등이 발견되고 있다. 이것은 "구슬을 보물로 여겨서 혹은 옷에 매달아 장식하고 혹은 목이나 귀에 매달았으며, 금이나 은·비단은 진귀한 보물로 여기

내촌리에서 드러난
삼한시대의 집터

지 않았다"는《삼국지(三國志)》의 기록과 일치되어 흥미롭다.

이상에서 살펴 본 바와 같이 중국에서 전래된 철기문화는 일정한 기간 동안 청동기문화와 같이 있다가 기원 전후가 되면 청동기문화를 거의 소멸시키면서 보편적인 문화로 자리잡게 된다. 이와 때를 맞추어 널무덤이 채용되어 유행하다가 시간이 흐름에 따라서 덧널무덤으로 바뀌는 변화가 나타난다. 아울러 앞 시기의 민무늬토기를 대신하여 와질토기라는 새로운 토기가 등장하여 토기문화의 주류를 형성한 것도 이 시기에 일어난 주목할 만한 현상이다.

그러나 삼한시대라는 용어의 의미가 곧이어 등장하는 삼국시대의 준비기라는 뜻이 있기 때문에, 여기에 부합되는 현상, 즉 덧널무덤의 채용과 부곽의 등장에 따른 무덤의 거대화와 껴묻거리의 집중화 현상은 무엇보다도 중요한 변화일 것이다. 이와 같은 무덤의 거대화와 껴묻거리의 집중화는 그런 현상이 일어난 곳에 상당히 강력한 정치세력이 등장했음을 의미하는 것이며, 이것이 곧 고대국가로 상징되는 삼국시대가 전개되는 징조로서 주목되는 것이다.

그러나 이러한 커다란 변화가 있었음에도 무덤에 부장된 유물 가운데 본격적인 무기가 없다는 점과 중국제의 청동차마구(靑銅車馬具; 수레에 사용되었던 청동제품), 구리거울, 구리방울, 그리고 각종 와질토기의 존재로 보아, 이 시기는 아직 무격(巫覡)적인 신앙사회에서 벗어나지 못했다는 것을 알 수 있다. 아울러 무덤의 규모는 커졌다 하더라도 아직 거대한 봉분이 만들어지지 않은 것으로 보아, 고대국가 정도의 강력한 정치체가 형성되지 못한 한계를 가지고 있었다고 할 수 있다.

이처럼 와질토기는 영남 일대에 성립되기 시작한 정치체, 즉 진·변한(辰·弁韓) 소국의 실체를 알려주는 표지적인 유물로 인식되게 되었다. 이 와질토기 유적은 진·변한 소국이 영남 일대에 널리 분포했을 것이라는 역사학자들의 생각과 마찬가지로 영남의 모든 지역에 분포했을 것으로 추정된다.

따라서 서부경남의 중심지인 진주지역에도 이 시기에 변한 소국의 하나가 있었고, 그 구체적인 증거로 와질토기 유적이 당연히 있을 것으로 기대되었다. 그러나 지금까지의 조사에서는 기대와는 달리 와질토기 유적이 전혀 발견되지 않았을 뿐만 아니라 와질토기의 작은 조각마저도 발견된 바가 없다.

그렇다면 삼한시대에 진주지역에는 사람이 전혀 살지 않았던 것일까?

그렇지는 않다. 대평면 내촌리 일대의 유적이나 집현면 장흥리 유적에서는 이 시기의 생활유적이 발견된 바 있다. 따라서 이 시기에 진주지역에도 사람들이 살았음은 분명하다. 다만 영남의 다른 지역처럼 와질토기 유적이 없다는 것이다.

이처럼 이 시기에 사람들은 살았지만 와질토기 유적이 없다는 것은 적어도 이 지역에 와질토기 문화를 바탕으로 한 변한 정치체는 형성되지 못하고 주민들이 작은 집단을 이루어 곳곳에서 살았을 것으로 생각된다.

이때 진주지역 사람들은 평면 원형의 집터를 만들고 여기에 기둥을 세우고 지붕을 얹은 집에서 살았다. 토기는 와질토기가 아니라 앞 시기의 문화전통을 계승한 연질토기를 사용하였으며, 도구는 주로 철기를 사용하였지만 일부는 여전히 석기를 사용하였다. 그리고 이들이 만든 무덤은 아직 발견되지 않았기 때문에 확실히 알 수는 없지만, 흙구덩이무덤이나 널무덤 등이었을 것으로 추정된다.

Ⅷ. 진주의 가야문화

1. 가야의 역사에 대한 이해

가야의 문화를 알기 위해서는 먼저 가야의 역사를 알 필요
가 있다. 그러나 가야의 역사를 알기 위해서는 먼저 두 가지
점에서 분명한 관점을 취할 필요가 있다.

그것은 첫째, 가야사의 시작에 관한 부분이다.

잘 알다시피 가야의 전신은《삼국지》〈위지 동이전〉에 기록
되어 있는 변한 12국이며, 이 변한 12국이 발전하여 여러 가야
가 되었다(구야국→금관가야, 안야국→아라가야). 그런데 이
변한 12국을 가야사에 포함시킬 것인가, 아니면 별도의 시대
로 파악할 것인가라는 점에 문제가 있다.

하나의 견해는 변한 12국시대인 원삼국시대(고고학계의 주
장) 또는 삼한시대(역사학계의 주장)를 가야의 전기로 파악하
는 것인데[전기론(前期論)], 이 관점에 따르면 삼한소국의 형성
시기부터 가야의 역사로 파악하게 되고, 자연히 가야사의 시작
은 기원을 전후한 시기, 또는 그 이전으로 거슬러 올라간다.

다른 하나의 입장은 변한의 역사를 가야와는 별도로 변한
그 자체의 역사로 보고 진정한 가야사의 시작은 3세기 말 이후
로 보는 관점이다[전사론(前史論)]. 이 관점에 서면 가야의 역
사는 3세기 말에서 562년까지의 역사가 된다.

그러나 어느 관점에서든 변한 12국의 역사와 가야의 역사

가 단절된 역사가 아닌 이상 두 시기를 연결하여 살펴야 할 것이다. 다만 가야라는 용어가 신라나 백제처럼 고대국가의 수준까지 도달한 것은 아니지만 그에 상응할 정도의 정치체를 형성한 단계의 사회를 가리키는 것이라면, 가야의 역사는 변한과는 구별되는 시기, 즉 3세기 말 이후의 역사가 될 가능성이 높다. 그뿐만 아니라 서부경남 일대의 유적조사에서 변한 정치체의 증거물인 와질토기 유적이 거의 확인되지 않기 때문에, 가야의 역사는 3세기 말 이후로 보는 것이 좋을 것으로 보인다.

김해 대성동 고분군의
대형 덧널무덤

둘째, 가야라고 하면 6가야를 먼저 생각하게 되고, 또 많은 사람들은 이 6가야가 가야의 전부라고 생각하고 있으나 사실은 그렇지 않다.

6가야에 대한 기록은 《삼국유사》에 나타나고 있다. 그러나 《삼국사기》를 보면 포상팔국(浦上八國)이라 하여 가야이면서 6가야에 속하지 않는 나라들이 기록되어 있으며, 가야에 관한 많은 기록이 실려 있는《일본서기》에는 임나칠국(任那七國)이니 임나십국(任那十國)이니 하면서 또 다른 가야국들을 기록하고 있다.

이러한 기록들을 종합해 볼 때, 가야는 신라나 백제와는 달리 삼한시대 다음의 삼국시대가 되더라도 단일국가로서 통일되지 못하고 10국 또는 그보다 많은 나라(어떤 학자에 따르면 32국)들로 분립되어 있었던 것 같다. 따라서 가야의 역사는 6가야가 대상이 아니라 이 모든 가야를 포함해서 이해해야 할 것이다.

이러한 사실을 염두에 두고 역사기록을 통해 가야의 역사를 살펴보자.

《삼국사기》에 가야에 관한 기록이 두 곳으로 나뉘어서 나타나고 있다. 조분니사금(助賁尼師今) 7년(237년) 이전과 소지마립간(炤知麻立干) 18년(496년) 이후의 기록이 그것이다. 그런데 《삼국사기》를 자세히 보면 237년 이전의 기록은 주로 김해의 금관가야에 관한 것들이며, 496년 이후는 고령의 대가야에 관한 기록들임을 알 수 있다.

이러한 사실을 근거로 역사학자들은 전기에는 여러 가야 가운데서 김해의 금관가야가 가장 강성한 가야의 대표세력이었으며, 후기가야의 맹주는 고령의 대가야였고, 특히 5세기 후반에서 6세기 전반까지는 고령을 중심으로 대가야연맹체가 결성되었다고 주장하고 있다. 이러한 문헌학자들의 주장은 김해 대성동고분군(大成洞古墳群)이나 고령 지산동고분군(池山洞古墳群)의 발굴조사에 따라서 거의 사실에 가까운 것이었음이 밝혀지고 있다.

그리고 중국 길림성 통구에 있는 광개토대왕비의 내용을 살펴보면 가야의 대표세력으로서 함안의 아라가야가 등장하고 있다. 또 《일본서기》 흠명기(欽明紀) 2년이나 5년조의 이른 바 '임나복권회의(任那復權會議)'를 보더라도 아라가야가 중추적인 구실을 담당하고 있음을 알 수 있다. 따라서 함안의 아라가야가 가야 여러 세력의 대표적인 구실을 담당했던 시기가 있었을 것으로 추측된다. 《삼국사기》의 기록이 공백으로 있는

5세기 전·중엽이 바로 그 시기가 아닌가 생각되며, 이러한 추정은 수년 전에 이루어진 함안 도항리고분군(道項里古墳群)을 비롯한 함안지역의 고분조사로 그 가능성이 대단히 높아지고 있다.

이처럼 가야는 이른 시기에는 김해의 금관가야, 중간에는 함안의 아라가야, 늦은 시기에는 고령의 대가야가 여러 가야를 대표하는 큰 정치체로 등장하여 역사를 이끌었을 가능성이 높다.

그러나 나머지 여러 가야에 관한 역사는 그 실체를 알 수 없을 뿐만 아니라 아직까지 어느 지역에 어떤 가야소국이 있었는지조차 알지 못하고 있다.

다만 최근에 활발하게 이루어진 발굴조사에 따라 고성의 소가야가 늦은 시기, 즉 고령의 대가야가 강성했을 때 남강 이남지역의 여러 가야세력을 대표하는 큰 정치체로 등장했음이 밝혀지고 있다. 아울러 소가야를 중심으로 이루어진 연맹체,

즉 포상팔국 연맹체에 대하여 접근할 수 있는 실마리를 확보한 것은 앞으로의 가야사 연구에 대단히 주목되는 점이다.

이와 같은 역사를 가진 가야였기 때문에 이들이 남긴 유적 역시 신라의 중심지인 경주나 백제의 수도였던 서울, 공주, 부여와 같이 한 지역에 집중적으로 나타나지 않고 각 정치집단의 중심지에 흩어져서 확인되고 있다. 예를 들면 금관가야는 김해 대성동고분군, 아라가야는 함안의 도항리·말산리고분군, 비화가야는 창녕 교동고분군, 다라국은 합천 옥전고분군을 각각 남겨 놓았다.

또한 가야시대의 무덤은 정치집단의 중심지뿐만 아니라 경남의 거의 모든 지역에서 크고 작은 것들이 확인되고 있다. 거기에서 발견되는 자료들도 도질토기(陶質土器; 굴가마에 의해 1,300도 고온에서 생산된 매우 단단한 토기)를 비롯하여 다양한 철기, 금공품 등 이루 헤아릴 수 없을 만큼 많다.

그러나 이와 같은 가야고분은 이른바 임나일본부(任那日本府; 또는 남조선경영론이라고도 한다. 구체적인 내용은 일본 고대의 통일왕조인 야마토 정권이 4세기 초부터 6세기 중엽까지 임나지역, 즉 경주 일원을 제외한 영남 일대를 식민지로 지배했다는 것인데, 이 점에 대하여 우리나라 학자들은 당연히 이러한 사실을 부정하고 있다. 이에 견주어, 상당히 많은 일본 학자들은 그것이 사실이라고 주장하는 등 한·일 양국의 역사 연구에 가장 많은 마찰이 일어나고 있는 부분이다)를 증명하기 위해 일제시대에 일본인들의 손으로 무참히 파괴된 이래 오늘날에는 골동품적 가치 때문에 온전하게 남아 있는 것이 하나도 없을 정도로 극심하게 훼손되어 가야문화의 전모를 파악하고 이것을 근거로 가야사를 복원하는 데 많은 어려움을

주고 있다.

　이러한 가야의 역사 속에서 진주지역에는 어떤 가야가 있었으며 그 실체는 무엇인가?

　여기에 대해 알기 위해서는 거타국(居陀國)과 고령가야(古寧加耶)를 먼저 살펴보지 않을 수 없다.

　잘 알다시피 역사책들에 등장하는 크고 작은 가야의 여러 나라들이 어디에 있었는가에 대해서는 학자들마다 각양각색의 주장들을 제시하고 있다. 이처럼 하나의 가야소국이 정확하게 어디에 있었는가에 대하여 의견의 일치를 찾을 수 없는 것은 말할 필요도 없이 여러 역사책에 나오는 가야소국에 관한 기록이 절대적으로 부족하기 때문이다.

　이러한 한계 속에서 학자들은 나름대로의 근거를 가지고 가야소국의 위치 비정을 시도했는데, 이 가운데 지금까지 진

주에 있었다고 추정되는 가야소국과 이것을 주장한 학자들을
정리하면 아래와 같다.

　■ 변진고순시국[弁辰古淳是國(三國志 魏志 東夷傳)]
　진전좌우길(津田左右吉); 〈임나강역고(任那彊域考)〉.
　점패방지진(點貝房之進); 〈일본서기조선지명고(日本書紀朝鮮地名
　　攷)〉, 《진양군사(晋陽郡史)》.

　■ 졸마국[卒馬國(日本書紀)] 또는 변진주조마국[弁辰走漕馬
　國(三國志 魏志 東夷傳)]
　김태식(金泰植); 가야연맹사(加耶聯盟史).

　■ 거타국(居陀國) 또는 고타(古陀), 자타(子他), 자탄(子呑),
　거열(居列)[三國史記, 日本書紀]
　말송보화(末松保和); 《임나흥망사(任那興亡史)》.
　《진양군사(晋陽郡史)》.

　■ 상다리국[上哆唎國(日本書紀)]
　금서룡(今西龍); 〈가라강역고(加羅彊域考)〉.

　■ 고령가야[古寧加耶(三國遺事)]
　이병도(李丙燾); 〈삼한문제의 신고찰(三韓問題의 新考察)〉.

　이상과 같이 여러 역사책에 등장하는 가야소국 가운데 진
주지역에 있었다고 추정되는 나라들은 변진고순시국, 변진주
조마국(졸마국), 거타국(자타, 자탄, 고타, 거열), 상다리국, 고
령가야 등 다양하며, 이러한 나라들 가운데 가장 많이 비정되
는 것은 거타국과 고령가야임은 다 아는 사실이다. 물론 이러

한 비정에는 학자들마다 나름대로 주장의 근거를 들고 있다. 예를 들면 현재의 지명이나 역사에 나오는 옛 지명과 이러한 나라의 발음이 비슷하다든가, 역사기록을 검토하여 당시의 신라·백제·가야 사이에 이루어진 역사적 상황을 참조하거나, 아니면 최근에 이 지역에서 이루어진 고고학적인 성과까지 종합적으로 검토하는 것 등이 그것이다.

이와 같은 비정에 대해 필자는 그다지 흥미를 느끼지 않는다. 왜냐하면 음운학(音韻學)적인 연구방법은 명확한 근거가 없을 뿐만 아니라 관점에 따라서 전혀 다른 비정이 가능하기 때문이다. 더 근본적으로는 나라 이름 이외의 다른 자료가 거의 기록되어 있지 않는 역사기록을 토대로 추정에 추정을 거듭하여 가야사를 복원한다거나 지명을 비정하는 것 자체가 방법론적으로 많은 문제점과 한계를 가지고 있기 때문이다.

따라서 필자를 비롯한 대다수의 고고학 연구자들은 가야가 비록 역사시대에 속하지만 역사기록에 따라 그 실상을 밝히기가 어렵기 때문에, 고고학적인 유적과 유물을 근거로 가야의 역사를 복원해야 한다고 믿고 있다.

2. 진주지역 가야시대의 유적과 유물

진주지역에는 가야시대의 크고 작은 매장유적[(고분군, 古墳群)]들이 형성되어 있는데 수정봉·옥봉고분군을 비롯하여 가좌동, 중안동고분군 등이 조사되어 알려져 있다. 아래에서는 발굴·조사되어 그 내용을 알 수 있는 유적을 중심으로 간략하게 소개한다.

진주 수정봉 · 옥봉
고분군(일제시대 촬영)

1) 수정봉 · 옥봉고분군

수정봉 · 옥봉고분군은 비봉산에서 남쪽으로 길게 뻗은 구릉 위의 야산 정상부에 열을 이루면서 7기의 고분들이 있다. 이 구릉은 현재 진주 합동버스 주차장에서 동북쪽에 있으며 지금은 집이 빈틈없이 들어 차 있거나 경작지로 바뀌고, 진주고분이라는 이름으로 수정봉 3호분으로 추정되는 고분만이 문화재로 지정되어 보호되고 있다.

이 구릉의 정상부는 아래로 남강을 굽어보면서 강 주변에 형성된 넓은 평야지대(지금은 시가지로 바뀐 곳)를 한눈에 내려다보는 곳으로서, 다른 지역의 가야시대 수장 무덤들이 만들어져 있는 위치와 꼭 같다.

7기의 고분 가운데 일제시대인 1910년 관야정(關野貞)이 조사한 유구는 3기이며, 나머지 4기의 고분에 대해서는 자세히 알 수 없다. 다만 정확한 유구의 지칭 없이 막연히 진주고분 발견유물이라 하면서 여러 점의 토기와 귀걸이, 목걸이 등이 《조선고적도보》(朝鮮古蹟圖譜; 일제시대에 우리나라 고대 유적에서 발견된 유물 가운데 대표적인 것들을 모아서 사진첩으로 낸 책)에 소개되어 있는데, 이들 자료 가운데 일부가 해당 고분군에서 출토되었을 가능성이 있다.

한편 수정봉 2호분과 옥봉 7호분에서 출토된 유물이 일본 동경대학교 종합자료관 건축사 부문에 소장되어 있는 것이 일본 연구자들에 따라 알려지고, 이들 자료에 대한 자세한 내용이 공개되기에 이르렀다.

아래에서는 최근에 공개된 자료와 《조선고적도보》에 실려 있는 사진 등을 토대로 간략하게 소개한다.

조사된 유구는 수정봉 2호분과 3호분, 옥봉 7호분의 3기이며, 모두 돌방무덤(횡혈식 석실묘; 시신을 무덤 안에 만들어진 큰 방에 묻을 때 방에 달린 입구를 통해 시신이나 목관을 운반하여 묻는 형태의 무덤. 공주 무령왕릉이 대표적이다)들이고, 여기에서 발견된 유물은 투구 조각, 큰 칼, 작은 칼, 기꽂이[사행상철기(蛇行狀鐵器)], 말재갈, 말발걸이, 도끼, 관고리, 관못, 띠고리, 따비 등의 철기와 굽다리 접시[유개고배(有蓋高杯)], 다리 달린 긴 목 항아리[대부장경호(臺附長頸壺)], 원통형 토기받침[통형기대(筒形器臺)], 대야형 토기받침[발형기대(鉢形器臺)], 탁잔형 토기 등의 토기들이다.

수정봉·옥봉고분군에는 7기의 거대한 고분들이 산의 능선을 따라서 열을 이루면서 서 있는데, 이것은 이 지역이 어떤 특정한 집단의 묘역(墓域)으로 설정되어 있었을 가능성이 높음을 의미한다. 이들 집단은 당연히 이 지역을 지배했던 수장들이었을 것이다.

이처럼 이들 고분이 이 지역 수장의 묘였을 근거는 유물에서도 나타나는데, 기꽂이와 청동합 등이 그것이다.

잘 알려져 있다시피 기꽂이는 지금까지 사용처를 알 수 없는 철기로서, 형태에 바탕해서 사행상철기라고 불리어 왔다. 그런데 최근 일본의 기옥현(埼玉縣) 행전시(行田市) 주권(酒卷) 14호분에서 말 모양 토제품[식륜(埴輪)]이 발견되어, 이것이 고구려 벽화고분(壁畫古墳; 무덤의 벽에 그림이 그려진 것)에 묘사되어 있는 기꽂이였음이 분명해졌다. 각 지역 수장의 무덤인 경주의 금관총이나 금령총, 양산 부부총, 합천 옥전 M3호분 등에서 발견되고 있기 때문에, 이러한 유물이 발견된 수정봉 2호분이나 옥봉 7호분은 이 지역 수장의 무덤임이 분명하다.

아울러 청동합도 당시로서는 귀중한 유물로서, 대개 각 지역의 왕이나 수장의 무덤에서 1점씩 발견되었다. 예를 들면 공주의 무령왕릉을 필두로 경주의 황남대총, 천마총, 금관총 등과 고령 지산동 44호분, 합천 옥전 M3호분 등에서도 청동합이 발견된 것이다.

(왼)수정봉 · 옥봉
고분군에서 드러난
통형기대

(오른)수정봉 · 옥봉
고분군에서 드러난
탁잔형 토기

그러면 이 지역의 수장묘들인 수정봉·옥봉고분군이 언제 만들어졌는가?

필자는 수정봉 3호분에서 발견된 긴 목 항아리와 토기받침은 6세기 전반대에 진주와 그 부근을 대표하는 토기라고 파악하고 있다. 함께 발견된 긴 목 항아리와 토기받침은 지산동 45호분 단계의 대가야 계통 토기이기 때문에, 이것 역시 6세기 전반대에 포함시킬 수 있다. 그리고 수정봉 2호분과 옥봉 7호분에서 발견된 자료 역시 수정봉 3호분과 거의 같은 시기인 6세기 전반대에 때매김된다.

2) 가좌동고분군

가좌동 고분군의 돌덧널 무덤

가좌동고분군은 개양역 앞 해발 52m 정도의 낮은 산 위에 분포하고 있다. 일제시대의 《조선보물고적조사자료(朝鮮寶物古蹟調査資料)》와 1977년에 문화재관리국에서 편찬된 《문화유적총람(文化遺蹟總攬)》, 1985년 창원대 박물관에서 발간한 《가야문화권 유적 정밀 지표조사 보고서》 등에 이미 소개되어 있는 유적이다. 그러다가 1988년 9월 유적 주변에 민묘(民墓)를 만들면서 1기의 고분이 드러나자 경상대학교 박물관에서 수습 조사하였다.

이때의 조사내용은 아래와 같다.

유구는 모두 4기가 조사되었는데, 형태는 전부 돌덧널무덤[수혈식 석곽묘(竪穴式石槨墓) ; 무덤을 만들 때 땅을 파고 돌로 된 공간을 마련한 뒤 시신 또는 목관을 안치하고 두

껑돌을 덮은 뒤 봉분을 쌓아올린 무덤. 가야의 대표적인 무덤이다]이었다. 함께 발견된 유물은 굽다리 접시를 비롯하여 짧은 목 항아리, 큰 입 항아리, 다리 달린 긴 목 항아리, 다리 달린 곧은 입 항아리, 원통형 토기받침, 토기 뚜껑, 손잡이 잔 등의 토기와 큰 칼, 작은 칼, 창, 끌, 말재갈, 도끼, 화살촉 등의 철기, 구슬들로 이루어진 목걸이, 가락바퀴 등이었다.

이상과 같이 가좌동고분군에서 출토된 자료를 보아 이 유구들이 대개 6세기 전반대에 만들어졌다는 것과, 유물의 양과 질, 유구의 규모 등에서 볼 때 어떤 수장들의 무덤이 아니라 일반인이거나 그보다 신분이 약간 높은 사람들의 무덤으로 추정된다. 다만 보고서에서도 밝힌 바처럼 이 고분군의 더 자세한 성격 규명은 이 지역의 규모가 큰 다른 고분들이 조사된 이후라야 가능할 것으로 생각된다.

3) 중안동고분군

《조선고적도보》 제3권을 보면, 수정봉·옥봉 고분군에 관계된 사진의 뒤를 이어서 여섯 장에 달하는 많은 고분 출토 유물들이 진주군 진주면 진주고분 출토품이라는 이름으로 소개되어 있는데, 정확한 고분의 위치와 유구는 밝혀져 있지 않다.

그런데 국립진주박물관이 개관하면서 진주시 중안동 출토품이라고 해서 1점의 금제 귀걸이와 뚜껑이 있고 다리가 달린 항아리, 은제 팔찌 등을 소개하였는데, 귀걸이와 팔찌는 《조선고적도보》에 소개된 진주고분 출토 자료와 동일한 것임을 알 수 있다. 따라서 일단 《조선고적도보》의 진주고분 출토 자료는 대부분 중안동에서 출토되었을 가능성이 있다.

그런데 지금의 진주시 중안동에는 진양 강씨 시조의 탄생설화와 관계가 있는 '봉의 알터'라는 곳에 외형적으로 고분처럼 보이는 1기의 성토분구(盛土墳丘; 흙을 둥글게 쌓아올려 무덤처럼 만든 것)가 있는 것을 제외하고는 정확한 가야시대의 고분군임을 알려주는 유구는 보이지 않는다. 어쩌면 이 1기의 성토분구를 중심으로 주변에 고분군이 형성되었다가 오랜 세월이 흐르는 동안 없어졌는지 알 수 없다.

《조선고적도보》에 소개된 자료를 일단 진주시 중안동고분군에서 발견된 자료로 파악하여 소개해 보면 다음과 같다.

- 토기 ─ 굽다리 접시, 짧은 목 항아리, 대접, 긴 목 항아리, 대야형 토기받침, 다리 달린 손잡이 잔, 뚜껑, 다리 달린 곧은 입 항아리, 다리 달린 긴 목 항아리, 원통형 토기받침, 컵형토기, 귀때단지, 납작한 단지.
- 철기 ─ 큰 칼, 창, 관못, 둥근 철기, 말띠드리개.
- 기타 ─ 청동제 거울, 구슬 다수, 금제 귀걸이, 은제 팔찌.

위에 소개된 자료들을 자세히 보면 시기적으로나 지역적으로 꽤 많은 차이가 엿보이기 때문에, 이러한 자료가 어떤 한 고분에서 출토되었을 가능성은 전혀 없다. 예컨대 토기 가운데 몸체 부분에 옆으로 선이 그어진 다리 달린 곧은 입 항아리는 삼한시대 후기 와질토기에 속하는 자료이기 때문에, 시기

100

적으로 2세기 후반~3세기 대에 해당된다. 이에 견주어 납작한 단지나 몸체가 아래로 처진 느낌을 주는 짧은 목 항아리들은 6세기 이후의 것으로 때매김되는 자료들이다. 따라서 이 양자 사이에는 연대 차이가 뚜렷하다. 또한 원통형 토기받침과 뚜껑이 닫히고 다리에 2단으로 직사각형의 구멍이 뚫린 굽다리 접시, 대야형 토기받침에 그려진 나뭇잎 무늬, 목이 잘록한 긴 목 항아리 등은 고령 지산동을 대표하는 대가야계 토기이다. 이에 견주어 다리가 짧은 굽다리 접시 등은 신라 후기양식의 토기들이다. 따라서 서로 다른 지역의 전통을 가진 자료들이 한 무덤에서 나왔다고 보기보다는 같은 구역의 다른 무덤에서 나왔을 것으로 추정하는 것이 타당하다.

4) 우수리고분군

우수리고분군은 1997년 가을 진주 — 단성간 국도 확·포장공사 구간 안에 고분군의 일부가 포함되면서 경남고고학연구소가 조사하였다. 유적은 판문북동에서 명석면 우수리로 이어지는 긴 골짜기의 우수리쪽 좌우 야산에 있는데, 모두 5곳에서 고분유적이 확인되고 있다. 이 유적 가운데 발굴·조사된 곳은 진주 — 산청간 국도에 맞물려 있는 우수리 E유적의 일부이다.

이 유적에서는 8기의 덧널무덤과 6기의 돌덧널무덤이 조사되었다. 덧널무덤은 대체로 소형인데, 이 가운데 2기에는 바닥에 작은 돌을 한 벌 깔아서 시신의 받침을 마련한 흔적이 있다. 출토유물은 아예 발견되지 않거나 1~2점의 굽다리 접시나 짧거나 긴 목 항아리와 같은 토기와 도끼 또는 낫과 같은 철기 몇 점에 지나지 않는 것이 대부분이다. 그러나 18호분에서는 다소 많은 토기와 철기가 발견되어서 주목된다.

돌덧널무덤 또한 작은 것들이며, 유물 역시 굽다리 접시와 긴 목 항아리, 대야형 토기받침과 같은 몇 점의 토기와 도끼, 창, 낫 등의 철기만 발견되고 있다. 그 가운데 16호분은 주구(周溝; 무덤의 높은 쪽에 눈썹형의 고랑을 판 것. 높은 쪽에서 무덤 속으로 들어올지도 모를 물을 막고자 판 것)를 돌렸을 뿐만 아니라, 껴묻거리도 다른 유구에 견주어 많다. 그리고 16호분에서는 우수리고분 가운데에서는 유일하게 큰 칼이 묻혀 있었다. 유구의 규모와 껴묻거리의 양과 질을 감안할 때, 이 무덤에 묻힌 사람은 어느 시기 이 지역에 살았던 사람들 속에서 약간 신분이 높았을 가능성이 있다.

무덤이 만들어진 시기는 무덤의 형태와 출토된 토기를 볼 때, 덧널무덤은 대개 5세기 후반, 돌덧널무덤은 5세기 후반에서 6세기 전반대일 것으로 생각된다.

5) 내촌리고분군

이 유적은 남강댐 수몰지구에 포함되어 1998년 초에 한양대학교 박물관이 조사했는데, 앞에서 소개한 내촌리 구석기시대 유적에서 서쪽으로 약 300m 떨어진 곳에 있다.

유구는 모두 돌덧널무덤으로서 21기가 조사되었다. 유적지가 밭으로 경작되면서 대다수의 유구가 심하게 파손되었으며, 유물 또한 거의 없어진 것이 많다.

이 유적에서 발견된 고분들의 특징은 돌덧널을 만들 때 작은 돌을 쌓아올리는 것이 아니라 얇은 판석으로 4방의 벽을 세워서 만듦으로써 마치 돌널의 형태와 같은 모습을 하고 있는 점이다. 그러나 이러한 형태의 무덤이 이 지역만의 특징은 아니다. 서부경남 일대에서 가야의 늦은 시기가 되면 이러한 무덤이 보편적으로 나타나고 있기 때문에, 내촌리고분군의 무덤들도 늦은 시기 가야무덤의 특색을 간직한 무덤들이라고 생각된다.

유물은 굽다리 접시와 긴 목 항아리, 컵형토기 등의 토기와 도끼, 화살촉 등의 철기들만 발견되고 있으며, 어느 한 무덤에서 뚜렷하게 많은 껴묻거리가 발견된 예도 없다. 이처럼 껴묻거리가 빈약하고 무덤의 규모가 대단히 작은 것들로 이루어진 내촌리고분군은 6세기를 중심으로 하는 가야의 늦은 시기에 이 지역에 살았던 일반인들의 집단무덤이었음이 틀림없다.

6) 사봉면 무촌리 유적

무촌리 지역에서 나온 유적은 전기 민무늬토기 단계의 집터 3동과 9기의 돌덧널무덤, 3기의 횡구식 석실묘(돌방의 한쪽 벽을 무덤의 입구로 이용한 형태의 무덤), 2기의 횡혈식 석실묘, 7기의 화장묘로서 1993년 국립진주박물관이 조사하였다. 그 이후 다시 2002년 진성 — 이반성 사이 국도 확·포장공사가 이루어지면서 무촌리와 창촌리 일대를 경남고고학연구소가 추가로 조사하여 삼국시대의 덧널무덤 36기, 돌덧널무덤 25기, 횡구식 석실묘 5기, 지상식 건물터 5동과 통일신라시대의 화장묘 3기, 도로, 대형 건물터, 지상식 건물터, 말무덤, 우물 등을 확인하였다.

무촌리 유적은 사봉을 거쳐 함안으로 넘어가는 지방도로와 진주 — 마산 사이 국도의 구릉과, 반성천과 국도 사이의 평지에 있다. 구릉의 정상부에는 대형의 봉분을 가진 고분이 분포하고 있기 때문에 이 일대의 중심적인 유적일 가능성이 높다.

지금까지 무촌리 유적 조사에서 확인된 무덤의 형태는 덧널무덤을 비롯하여 돌덧널무덤, 횡구식 석실묘, 횡혈식 석실묘, 화장묘 등 다양하다. 이 가운데 횡구식 석실묘와 화장묘는 이 지역에 신라의 영향이 강하게 미쳤거나 신라 영역화하고 난 뒤에 들어온 무덤이라고 생각된다. 덧널무덤에서 횡혈식 석실묘까지 다양한 무덤이 만들어진 것을 볼 때, 이 지역에는 4세기부터 가야 멸망, 그리고 신라가 이 지역에 들어온 이후인 7세기까지 끊임없이 사람들이 살았음을 알 수 있다.

이같이 다양한 형태의 유구만큼이나 발견된 유물 또한 여러 가지이다. 가야시대에 속하는 무덤에서는 가야 토기인 굽다리 접시와 대야형 토기받침, 긴 목 항아리, 짧은 목 항아리, 화로형 토기와 화살촉, 화살통, 낫, 작은 칼 등의 가야시대 철기 및 구슬 목걸이, 금귀걸이 등의 장신구가 발견되었다. 이와는 달리 횡구식 석실묘나 화장묘에서는 굽다리 접시와 대접, 덧붙인 아가리를 가진 긴 목 항아리[부가구연장경호(附加口緣長頸壺)], 병형토기 등의 신라양식 토기가 발견되고 있다.

7) 기타의 고분군

진주지역에는 앞에서 소개한 유적 이외에도 아직 발굴·조사되지 않은 많은 유적이 분포하는데, 이것을 지역별로 정리하면 아래와 같다.

- **진주시**: 호탄동과 장재동, 유곡동에도 고분군이 있다고 알려지고 있으나 호탄동의 산 위에만 고분군이 있고 유곡동과 장재동에서는 확인되지 않는다. 그리고 호탄동 유적도 진주 ─ 마산 사이 국도 확·포장공사로 말미암

아 거의 파괴되었다.

■ **집현면 죽산고분군**; 1기의 중형 고분과 소형의 덧널무덤, 돌덧널무덤으로 이루어진 유적으로 연대는 4~6세기일 것으로 추정된다.

■ **나동면 나동고분군**; 3~4기의 횡혈식 석실묘로 이루어진 고분군으로서 진주 ─ 하동 국도 사이 확·포장공사로 말미암아 완전히 파괴되어 버렸다.

■ **문산면 엄정동고분군**; 여러 기의 큰 봉분이 있는 고분과 돌덧널무덤으로 이루어진 상당히 규모가 큰 고분군으로서, 만들어진 시기는 5세기대일 것으로 생각된다.

■ **일반성면 원당리고분군**; 덧널무덤, 돌덧널무덤, 횡혈식 석실묘들로 이루어진 유적인데, 들판 맞은 편의 무촌리 유적과 어떤 관계가 있는 고분군으로 생각된다. 추정 연대는 4~6세기이다.

■ **이반성면 평촌리고분군**; 덧널무덤으로 이루어진 유적으로서 만들어진 시기는 4세기대일 것으로 생각된다.

■ **지수면 압사리고분군**; 덧널무덤으로 이루어진 유적으로서 만들어진 시기는 4~5세기일 것으로 생각된다.

■ **사봉면 가곡마을고분군**; 작은 돌덧널무덤으로 이루어진 고분군으로서 연대는 5세기 후반에서 6세기 전반대로 생각된다.

3. 진주의 가야문화

　　진주지역에서 발견된 가야시대의 고분은 덧널무덤, 돌덧널무덤, 횡구식 석실묘, 횡혈식 석실묘 등 가야고분에서 나타날 수 있는 모든 형태의 무덤이 포함되어 있다.

　　이 가운데 가장 이른 시기인 4세기대의 무덤은 덧널무덤이다. 이 지역의 덧널무덤은 아직 완전히 조사된 것은 아니지만 지금까지 확인된 것을 보면, 김해·부산지역이나 고령, 함안, 합천 등지에서 확인되는 덧널무덤에 견주어 규모가 대단히 작다. 이러한 무덤에서 발견되는 껴묻거리도 몇 점의 토기와 철기들이 대부분이며, 강대한 신분소유자의 존재를 알려주는 자료는 전혀 없다.

　　따라서 덧널무덤이 축조되는 시기의 진주지역에서는 아직

합천 옥선 M3호분의
드러난 모습

강력한 힘을 발휘하는 정치체, 즉 가야소국의 존재는 생각할 수 없다.

돌덧널무덤은 가야의 대표적인 무덤이며 대개 5～6세기에 축조되었다. 진주지역에서도 이러한 무덤은 많은 곳에서 발견되고 있다. 대체적으로 봉분이 없는 상태에서 확인되고 있으나, 가좌동고분군에서는 약간의 봉분을 가진 무덤이 있다. 그리고 만약 화려한 귀걸이가 발견된 중안동고분군이 이 시기에 축조되었음이 분명하다면, 아마 가좌동고분군보다 규모가 더 큰 봉분을 가진 고분이었을 것으로 추측된다.

돌덧널무덤에서 발견되는 껴묻거리는 굽다리접시나 그릇받침, 항아리 등 다양한 토기들과 말발걸이와 같은 마구, 큰 칼이나 화살촉과 같은 무구, 그다지 화려하지 않은 귀걸이 등의 장신구들이다. 이 가운데 토기의 형태에서 알 수 있는 것은 대체로 고성의 소가야와 관계가 깊은 자료들이라는 것이다. 아울러 강대한 권력자의 존재를 알려주는 관모(冠帽; 왕과 같은 수장들이 머리에 쓴 것)나 갑옷, 투구, 장식대도, 장식마구 등은 이곳에서 전혀 발견되지 않았다.

이러한 사실에서 이 시기까지도 진주지역에는 강력한 힘을 가진 정치체는 형성되지 않았음을 알 수 있다. 약간의 봉분을 가진 가좌동고분군과 같은 고분군을 축조한 집단이 있었다고는 하지만, 이 지역만의 독자적인 정치체를 형성했다기보다는 고성의 소가야와 깊은 관계를 맺고 있었다고 생각된다. 이처럼 진주지역에 봉분이 있는 돌덧널무덤을 축조한 집단은 소가야연맹체 또는 포상팔국연맹체를 이루었던 것이 틀림없다.

횡구식 석실묘는 6세기 이후에 가야지역에서 발견되는 다소 예외적인 무덤으로, 이 무덤은 신라문화의 확산과 함께 가야지역에 유입되었다. 진주지역에서 발견된 이러한 형태의 무덤은 사봉면 무촌리 유적에서만 발견되고 있는데, 무덤이 극심하게 파손되어 그 전모를 알 수 없지만, 껴묻거리로 발견된 토기는 분명히 신라 후기양식 토기이다.

이처럼 신라양식의 무덤과 토기가 진주지역에서 발견된다는 것은 신라가 6세기 이후 낙동강을 넘어서 서부경남지역으로 진출해왔던 사실을 고고학적으로 증명하는 것이라고 생각된다.

반면에 횡혈식 석실묘는 백제 지배층들의 전형적인 무덤인데, 이 횡혈식 석실묘가 수정봉·옥봉고분군, 나동고분군, 원당리고분군 등지에서 적지 않게 발견되고 있다. 특히 수정봉·옥봉고분군은 진주를 대표하는 가야시대 고분군일 뿐만 아니라 6가야 가운데 하나인 고령가야가 진주에 있었다는 결정적인 근거가 되고 있는 고분군이다. 이 고분군이 전부 횡혈식 석실묘라는 사실은 시사하는 바가 많다.

옥전 M3호분에서 드러난 큰 칼

이 수정봉·옥봉고분군은 무덤의 형태만 백제식의 횡혈식 석실묘일 뿐만 아니라 껴묻거리 또한 청동합을 비롯하여 관못과 관고리, 탁잔형 토기 등 백제계통의 것이 꽤 많이 부장되어 있다. 아울러 이 고분군에서는 백제계의 유물과 함께 대가야의 토기나 소가야식 토기들도 함께 발견되고 있다.

이처럼 여러 계통의 껴묻거리가 발견된 수정봉·옥봉고분군은 남강이 내려다보이는 산능선 위에 만들어진 유적의 위치나 봉분의 규모, 껴묻거리로 부장된 청동합과 기꽂이 등을 감안한다면 6세기 전반 이 지역에 있었던 어떤 정치체의 최고 우두머리들이 묻힌 집단적인 무덤임이 분명하다.

그렇지만 이 집단은 독자적인 성격을 가졌다기보다는 여러 계통의 껴묻거리를 볼 때 당시 이 지역을 중심으로 전개된 역사적 상황에 따라서 복합적인 성격을 가지고 갑자기 형성된 정치체였을 것으로 추정된다.

위에 서술한 것을 종합해 보면, 진주지역의 가야고분 조사로 다음과 같은 것들을 알 수 있다.

첫째, 가야고분에서 발견되는 모든 형태의 무덤이 이 지역에서 확인된다.

둘째, 수정봉·옥봉고분군에 묻힌 사람들은 이 지역에 있었던 가야 정치체의 수장임이 분명하지만, 가좌동고분군에 묻힌 사람들은 이들보다는 1등급 낮은 사람들의 무덤들이다. 중안동고분군에 대한 실상은 파악하기 어렵지만, 출토된 자료 가운데 금제 귀걸이와 청동제 거울은 중안동고분에도 수장급 무덤이 있었을 가능성을 시사해 주고 있다.

셋째, 6세기 무렵이 되면 한반도 남부에서 전개된 역사적 변동과 맞물려서 진주지역에도 신라 또는 백제계 문물이 유입되었다.

이러한 고고학적인 사실을 염두에 두고 이 지역의 대표적인 고분들인 수정봉·옥봉고분군과 다른 6가야의 옛땅인 함안, 고령, 창령, 김해 등지와 가야소국 가운데 하나인 다라국이 있었던 합천 옥전고분군을 견주어 보는 한편 진주 시민들이 이 지역에 있었다고 믿고 있는 6가야 가운데 하나인 고령가

야나 거타국과 같은 가야의 어떤 나라가 존재했는지에 대해서
도 살펴보자.

먼저 수정봉 · 옥봉고분군과 다른 지역의 고분군 사이에 공
통적으로 지적할 수 있는 것은 모두 거대한 봉분을 가진 고총
고분(高塚古墳)이라는 점과 구릉 위 낮은 야산 정상부에 능선
을 따라서 무덤이 축조되어 있는 고분의 터가 동일하다는 점
을 들 수 있다.

반면에 서로 다른 점을 지적한다면,

첫째, 축조된 고분의 수가 뚜렷하게 차이가 난다. 수정봉 ·
옥봉고분군이 모두 7기의 고총고분으로 이루어진 데 견주어,
아라가야의 왕릉들로 추정되는 함안의 도항리 · 말산리고분군
은 113기, 대가야의 왕릉들인 고령의 지산동고분군은 60기 이
상, 비화가야의 왕릉들인 창령 교동고분군은 30여기 이상, 다
라국의 왕릉들인 합천 옥전고분군은 27기 등 모두 수십 기 이
상의 고총고분들로 이루어지고 있다.

둘째, 고분의 내부구조 면에서 수정봉 · 옥봉고분군은 횡혈
식 석실묘임에 견주어, 다른 지역의 가야 왕릉들은 주로 돌덧
널무덤이기 때문에 커다란 차이가 난다. 그런데 가야의 주묘
제는 돌덧널무덤이다.

셋째, 고분의 축조연대를 보면, 수정봉 · 옥봉고분군이 6세
기 전반대임에 견주어, 다른 가야의 왕릉들은 5세기 후반대를
중심으로 하면서 일부는 6세기 전반대까지 축조되고 있다. 다
만 금관가야의 왕릉들인 김해의 대성동고분군은 4~5세기 초
에 주로 축조되고 있어서 차이를 보여주는데, 이것은 금관가
야와 다른 가야 사이에 역사 전개의 차이를 반영하고 있는 것
으로 추정된다.

넷째, 껴묻거리의 양과 질을 비교해볼 때, 수정봉·옥봉고분군에서는 청동합·투구·기꽂이·등자·재갈·대도 등과 약간의 토기들이 출토되었으나, 다른 지역의 고분에서는 금이나 금동, 은으로 만든 보관(寶冠)을 필두로 용봉문(龍鳳文)이나 삼엽문(三葉文)과 같은 장식대도·청동합·갑주·마구·토기 등이 수백 내지 수천 점씩 발견되고 있는 점에서 뚜렷한 차이가 난다.

옥전 28호분에서 드러난 금귀걸이

이상과 같이 진주에 있었던 어떤 가야국을 대표하는 수정봉·옥봉고분군을 다른 지역의 가야 고분들과 비교해 볼 때, 고분의 입지조건과 봉분의 외형은 같지만 전체 고분의 수량이나 내부주체의 형태, 고분의 축조연대, 껴묻거리의 양과 질에서 뚜렷한 차이를 보여주고 있음을 알 수 있다. 이것은 이 지역에 있었던 가야의 정치집단과 다른 지역 가야국의 정치, 경제, 사회적인 차이를 의미하는 것이다.

바꾸어 말하면 이 지역에 6가야 가운데 하나인 고령가야가 있었다면 적어도 다른 6가야들이 있었다고 생각되는 지역의 고분들과 거의 모든 면에서 어깨를 나란히 할 만한 현상들이 나타나야 한다. 그러나, 지금까지 살펴 본 바로는 현격한 차이만 나타나고 있다. 따라서 적어도 고고학적인 자료를 보는 한 이 지역에는 6가야 가운데 하나인 고령가야가 있었을 가능성은 거의 없다고 할 수 있다.

그렇다면 이 지역에는 어떤 가야의 정치집단이 존재했을까에 대해 살펴보지 않을 수 없는 것이다.

앞에서도 언급한 바와 같이 이 지역에는 6세기대, 어쩌면 중안동 출토 자료를 근거로 하면 5세기 후반 이후에 어느 정도 권력을 장악한 수장들이 있었으며, 이들이 형성한 정치체는 분명히 있었다고 생각된다.

그 정치체의 수준과 크기는 현재로서는 잘 알 수 없지만, 합천지역 가야고분의 조사성과에 비추어 보면 반계제고분보다는 우월하고 옥전고분과는 거의 같거나 약간 열등한 상태이다. 그런데 반계제고분이 축조된 지역에는 지금까지 어떤 가야소국이 존재했을 가능성이 전혀 없으나, 옥전고분군이 있었던 곳에는 국내외 학자 대부분이 《일본서기》에 기록된 가야소국의 하나인 다라국(多羅國)이 있었다고 생각하고 있다.

따라서 진주지역에도 다라국과 비슷하거나 더 세력이 약한 가야의 정치체가 존재했을 가능성은 충분히 있다. 다만 이것이 구체적으로 거타국(居陀國)이었는지 또는 졸마국(卒馬國)이었는지에 대해서는 어떤 결정적인 자료가 발견될 때까지 단정지을 수 없다.

그럼에도 진주지역에 고령가야가 있었을 것이라는 주장이 계속 이어지는 것은 가야시대 이후 전개되는 역사 속에서 진주가 전략상의 요충지, 경제적인 중심지라는 측면에서 주목되고 그 결과 오랫동안 서부경남 지방행정의 중심지로서 기능한 데서 비롯되었을 것으로 생각된다.